X. COPPOLANI

RAPPORT D'ENSEMBLE

SUR

MA MISSION AU SOUDAN FRANÇAIS

(1re PARTIE : CHEZ LES MAURES)

PARIS

IMPRIMERIE F. LEVÉ

17, RUE CASSETTE, 17

1899

RAPPORT D'ENSEMBLE

SUR

MA MISSION AU SOUDAN FRANÇAIS

(1re PARTIE : CHEZ LES MAURES)

X. COPPOLANI

RAPPORT D'ENSEMBLE

SUR

MA MISSION AU SOUDAN FRANÇAIS

(1ʳᵉ PARTIE : CHEZ LES MAURES)

PARIS

IMPRIMERIE F. LEVÉ

17, RUE CASSETTE, 17

—

1899

RAPPORT D'ENSEMBLE

SUR

MA MISSION AU SOUDAN FRANÇAIS

A Monsieur le Général de Trentinian, Lieutenant-Gouverneur.

Mon Général,

Avant de vous soumettre un exposé général des résultats politiques et scientifiques obtenus par la mission que vous avez bien voulu me confier au Soudan français et, plus particulièrement, dans les régions frontières du Sahel et de Tombouctou, veuillez me permettre de vous exprimer ma plus vive gratitude pour le concours dévoué que MM. les officiers appelés à seconder mes efforts m'ont prêté en toutes circonstances.

Je vous signalerai notamment : M. le capitaine Frottier, commandant l'escadron des gardes-frontières, pour l'empressement qu'il a mis à me fournir le personnel et les montures nécessaires ; M. le capitaine Chenard, commandant le cercle de Goumbou, pour le tact et l'énergie dont il a fait preuve à l'égard des Medjdhouf ; M. le chef de bataillon Daval, commandant la région nord ; M. le lieutenant Bresson, détaché au poste de Bamba, ainsi que MM. les commandants des divers cercles situés sur la ligne de ravitaillement et les officiers chargés de la flottille. Tous ont fait leur possible pour faciliter ma tâche, et quelques-uns sont venus à moi dans des circonstances difficiles. Je leur en suis profondément reconnaissant.

J'appelle, d'une manière toute spéciale, votre bienveillante attention sur M. le lieutenant Picard, en résidence à Goumbou. Ce jeune officier, animé des meilleures intentions, m'a escorté dans les régions insoumises du Sahel et m'a donné de réels témoignages de dévouement. Je serais heureux de lui voir obtenir la récompense due à son mérite et aux services qu'il a rendus.

Je voudrais pouvoir vous exprimer le même désir en ce qui concerne M. le lieutenant de Gail. Lui aussi m'a escorté dans des contrées encore inexplorées et habitées par des populations insoumises. Malheureusement, chargé lui-même d'une mission délicate et tenu à des réserves par des instructions rigoureuses, il n'a pu me suivre avec la rapidité indispensable dans ces sortes de reconnaissances.

Je reviendrai, néanmoins, sur son intéressante mission en vous signalant l'utilité et l'opportunité de la formation d'une compagnie de méharistes.

Qu'il me soit également permis, mon Général, de ne point oublier M. Arnaud, l'ami dévoué, qui n'a pas craint d'endurer les plus grandes fatigues et d'affronter les dangers d'une route difficile et peu sûre, pour avoir la satisfaction de me suivre chez les Keltanssar de l'Est et à Araouan. J'ai le ferme espoir qu'il ne négligera rien pour être agréable au Gouvernement du Soudan et se montrer digne de votre sollicitude.

*
*

Cet agréable devoir rempli, vous m'excuserez de ne point vous énumérer les dangers auxquels mes compagnons et moi avons pu être exposés au cours de nos pérégrinations à travers les immensités mi-sahariennes du Sahel, du Nord-Est de Tombouctou et dans l'Azaouad.

En essayant de prendre contact avec les chefs des tribus maures et touareg, dans des contrées lointaines et inconnues, je n'ignorais rien des difficultés à surmonter, mais je savais aussi qu'en faisant abnégation de soi-même, pour n'entrevoir que la réussite de l'œuvre de pacification et de conquête morale entreprise, l'accomplissement de ma tâche devait être chose facile.

J'oublie donc volontiers les manifestations, un moment hostiles, qui m'ont accueilli au campement des Oulad-Nacer et à Araouan, les captifs armés par les Ahel Souaïd et que des amis honnêtes et dévoués écartaient de mon chemin, pour ne me souvenir que des témoignages de sympathie et de confiance qui m'ont été donnés par la population saine du pays et, surtout, par les chefs des tribus considérées comme irréductibles.

Laissez-moi aussi m'abstenir de vous faire, dans ce rapport général, une description scientifique des régions parcourues, pour aborder immédiatement l'objet essentiel de ma mission :

Étude de l'Islamisme au Soudan français et ses conséquences au point de vue politico-religieux.

Relations amicales et soumission pacifique des tribus maures et touareg, en vue de la prise de possession des régions situées au Nord du Sahel et de Tombouctou, de faciliter les communications politiques et commerciales entre l'Algérie et le Soudan, l'extension de l'influence française dans notre hinterland africain, etc., etc.

Je vous exposerai les grandes lignes des efforts tentés dans cet ordre d'idées et les résultats obtenus, en divisant mon rapport en trois parties, savoir :

1° *Ma mission chez les Maures;*

2° *Ma mission chez les Touareg;*

3° *Études sociales et religieuses au Soudan français.*

1° MISSION CHEZ LES MAURES

Pour avoir une idée exacte des peuplades errantes et sans cohésion connues sous le nom de Baïdan (*les blancs*), par opposition aux populations noires du Soudan et du Sénégal, il faudrait remonter à leur berceau, et les suivre, à travers les siècles, jusqu'aux confins du Maroc et des steppes sahariennes où elles sont allées se réfugier. Il serait utile de faire revivre, un instant, leurs ancêtres, de parcourir avec eux les vieilles colonies romaines de l'Afrique septentrionale, voire l'Étrurie antique.

En les suivant dans leur évolution, il serait indispensable d'enregistrer leurs transformations sociales et religieuses, au fur et à mesure qu'ils subissent les invasions arabes, qu'ils marchent à la conquête de l'Espagne et du sud de la France, pour revenir ensuite dans leur pays d'origine et y être en partie chassés au profit d'autres autochtones sensiblement transformés, mais encore aujourd'hui soumis aux mêmes lois sociales et religieuses.

Nous trouverions ainsi leur origine dans la Mauritaine Césarienne et la Mauritanie Tingitane, quelques-unes de leurs coutumes dans la vieille Étrurie.

Nous comprendrions comment les Maures ont perdu le souvenir de leur race, avec les Almoravides et les Almohades, pour n'invoquer que l'époque glorieuse de leur apogée.

Ce ne sont pas des musulmans traditionnistes, mais des *mouminin*, c'est-à-dire des unitaires ou des descendants de cette phalange d'hommes illustres dans les annales du Nord de l'Afrique qui, sous les ordres du fameux Abd-el-Moumen, implantèrent à jamais dans le Nord-Ouest africain et leur prestige et leurs doctrines.

Nous ne serions point étonnés de constater chez eux des mœurs et des coutumes analogues à celles de leurs aïeux d'Andalousie et de la vieille Gaule.

Dans leurs grandes vicissitudes, les Maures de Cordoue et de Poitiers se retrouvent encore à travers les âges....., les aborigènes des vieilles provinces romaines, devenus les compagnons d'Abd-el-Moumen et de ses khalifats, n'ont rien perdu de leur caractère fier et indépendant.

Il semble que la destinée des peuples les ait séparés du monde civilisé pour leur permettre de conserver — tel un dépôt sacré — les vestiges de leur grandeur d'autrefois et une organisation sociale comparable, à certains égards, à celle de notre moyen-âge.

Certes, tout est placé sous l'égide mahométane ; la légende islamique a tout voilé. Demandez à ces pasteurs l'origine de leurs ancêtres : ils vous renverront aux annales musulmanes, et chacun trouvera dans l'arbre généalogique de sa famille le nom d'un compagnon ou d'un descendant des nombreux khalifats du Prophète.

C'est ainsi que la noblesse est représentée par les *hassanïa*, c'est-à-dire les descendants du célèbre conquérant Hassan ; le clergé par les « *maîtres du Livre* » ou interprètes fidèles du Coran, source de toute science et unique loi à laquelle rien ne résiste.

Mais si on examine les prérogatives de chacune de ces castes, leur histoire ne laisse plus de doute :

Les hassanïa sont les maîtres du pays, chargés de la sécurité de leurs partisans ; ce sont des guerriers, avec leurs tributaires et leurs captifs, semblables aux nobles d'épée du moyen-âge, avec leurs vassaux, leurs serfs et leurs vilains. Un hassanïa se distingue par son adresse dans le maniement des armes, sa souplesse dans ses mouvements hippiques, son endurance à la fatigue, sa connaissance du pays, l'amour de son coursier, sa bravoure et l'intelligence qu'il déploie à surprendre l'ennemi. Ce sont de véritables barons féodaux..., des chevaliers historiques, fiers de leur monture, imposants dans leur tenue, curieux par leur démarche et leur chevelure.

Un guerrier n'est ni commerçant ni industriel, il ne sait ni lire ni écrire. C'est le maître du fusil, le représentant de la force, et, par suite, le défenseur du pays. C'est un noble, dans toute l'acceptation du mot. Heureux sont ceux qui peuvent le devenir !...

La connaissance du Coran est réservée au clergé, représenté par de véritables tribus de lettrés. Eux aussi, ont des tributaires et des captifs ; ils sont indépendants des hassanïa, ne prennent jamais part à la guerre, rendent la justice, sont les médiateurs de la paix. Leur chapelet remplace le fusil.

Et au-dessus de chacune de ces deux classes privilégiées est placé le *cheikh*, véritable seigneur, chargé de conduire au combat ceux qui font partie de la première, le maître omnipotent et omniscient de ceux qui appartiennent à la seconde. Il y en a un à la tête de chaque tribu. Une assemblée de notables, ou *djemâa*, lui inspire ses actes et contrôle ses actions. Ses droits sont héréditaires.

Ajoutons à ces classes aux privilèges distincts celle des industriels et des commerçants proprement dits, sans oublier le *meddah* ou troubadour légendaire, ni des coutumes et des mœurs du vi⁰ siècle, et nous revivrons, par la pensée, à l'époque de la Féodalité.

Hâtons-nous de dire que cette existence nomade, ces usages et cette organisation sociale offrent une frappante analogie avec les mœurs de l'Arabe païen.

La langue des Baïdan est encore celle en usage chez les bédouins de l'Arabie primitive ; leur façon de faire la guerre est identique ; la légende, enfin, fait remonter l'origine des principales tribus à la patrie de l'*Envoyé d'Allah*. Heureusement la légende ne couvre l'histoire que d'un voile léger, et nous nous proposons, dans un travail complet sur cette race intéressante au plus haut degré, de déchirer la frêle enveloppe au moyen des documents que certains chefs religieux et érudits ont mis à notre disposition. Il nous sera facile d'établir l'état civil de chaque tribu et de faire renaître les liens étroits qui existent entre ces communautés aristocratiques et certaines tribus de l'Afrique du Nord.

Evidemment, durant leurs pérégrinations interminables, les difficultés matérielles ont sensiblement modifié leurs conditions d'existence. Ils se sont trouvés dans l'obligation d'approprier leur vie aux éléments, et, naturellement, leur caractère, leurs mœurs, leurs coutumes, leur race elle-même, ont subi l'influence des milieux :

La forêt touffue, devenue leur demeure, leur a donné cet aspect farouche qui les fait prendre pour des sauvages capables des pires forfaits ; cette crainte instinctive qui fait parfois méconnaître leur bravoure ; cet amour de la solitude et de l'indépendance, des surprises et de l'imprévu. L'immensité saharienne a développé leur nature contemplative et augmenté leur fatalisme ; le manque d'eau a été une des principales causes du peu de soins qu'ils donnent à leur personne ; leur contact avec les races noires de l'Afrique équatoriale nous donne l'explication de ces tribus de métis qu'on rencontre dans leurs rangs ; leur état social, la certitude de l'impunité, leur esprit d'aventure et le désir d'augmenter leur bien-être en ont fait, parfois, des pillards redoutables ; l'exploitation des produits d'exportation de leur sol en a fait des commerçants de premier ordre : d'agriculteurs et pasteurs qu'ils étaient, ils sont devenus, par nécessité, pasteurs abandonnant l'élément essentiel de production qui avait permis à leurs ancêtres d'être les principaux fournisseurs de la Rome antique.

Et si nous les suivions dans leur exode, nous aurions l'origine des luttes qu'ils ont eu à soutenir, des rivalités intestines qui les ravagent, voire des inimitiés séculaires qui les divisent. Nous nous ferions une idée de leur esprit dissimulé, de leurs ruses et, surtout, de l'art, vraiment remarquable, qu'ils déploient lorsqu'il s'agit de défendre ou de négocier leurs intérêts. Chez le plus humble des bergers on découvre un habile diplomate.

Nous verrions les tribus religieuses abandonner momentanément le chapelet pour le fusil à pierre, et, à l'instar des Templiers, défendre leurs intérêts matériels et leur sacerdoce violé.

Nous les verrions franchir le Seguiet-el-Hamra, traverser l'Adrar occidental pour aller, tantôt en apôtres convertisseurs, tantôt en conquérants, s'implanter sur les bords du Sénégal et de l'Atlantique, tout en laissant derrière eux les voies libres pour leur permettre d'effectuer leur retraite en cas d'échec et de revenir en cas d'opportunité.

Du xiiᵉ au xviiᵉ siècle, d'autres groupes s'avancent à l'Est. Soumis aux rois de Melle, ils refoulent successivement les Foulans (*Peulh*) et les Songhaï qu'ils rencontrent sur leurs parcours. Ils reconnaissent cependant la suprématie du célèbre Mohammed-Askia, deviennent même ses meilleurs auxiliaires pour le développement intellectuel qu'il veut donner à ses sujets. Quelques tribus maures s'allient, plus tard, aux conquérants marocains, d'autres résistent à l'envahisseur et finissent par maintenir leur domination sur l'immense territoire qui s'étend de l'Atlantique à l'Adrar oriental.

Au nord : l'Adrar de l'ouest-Ouadan, Tichitt, Oualata, deviennent leurs principaux points de repaire;

Au sud, le Sénégal est en quelque sorte leur domaine.

Au Soudan proprement dit, ils descendent jusqu'à Kita, Siguiri, Bamako, pénètrent librement dans le Macina et le Mossi, vont s'approvisionner sur les rives du Niger, et les villages situés sur la ligne de démarcation de Kayes, Nioro, Goumbou, Sokolo, Tombouctou, deviennent, en quelque sorte, leurs entrepôts de la marchandise humaine dont ils sont les traitants par excellence.

El-Hadj-Omar est obligé de tolérer la situation faite à ses partisans; son fils Ahmadou, plus heureux, leur impose des droits de passage sur son royaume, jusqu'au jour où la France envoie des soldats combattre les conquérants *toucouleurs* et prendre la direction des populations placées sous leur joug.

Ici leur histoire devient, pour ainsi dire, contemporaine : le général Faidherbe, sans les dominer, traite avec eux et leur assigne, comme bornes de leur parcours, la rive droite du Sénégal. Le gouvernement de Saint-Louis a continué la tradition et, encore aujourd'hui, quelques chefs de tribus reçoivent, sous forme de coutumes, « des indemnités relativement élevées ». C'est à ce prix qu'ils sont censés respecter les villages placés sous notre protection, entretenir avec nous des relations d'amitié.

Mais, si le général Faidherbe et, après lui, le gouvernement du Sénégal ont cru devoir obtenir la neutralité des tribus maures et nous concilier leurs chefs par le payement de subventions annuelles, au Soudan on n'avait plus les mêmes raisons de suivre un exemple susceptible de porter atteinte à notre prestige et défavorable à notre autorité.

Chargé de réduire la puissance d'Ahmadou, le général Archinard arrivait dans la région du Sahel précédé du prestige que donne la victoire. Les Maures voient en lui l'heureux conquérant des pays limitrophes de leurs terrains de parcours, et, fidèles à leurs pratiques de diplomates habiles, leurs chefs s'empressent d'entrer en relations avec nous. Le cheikh des Medjdhouf, celui des Oulad-Mahmoud, quelques délégations des Allouch, les chefs des fractions religieuses, viennent spontanément à Goumbou reconnaître l'autorité du nouveau suzerain.

Dans leur esprit, le général Archinard vient prendre la succession d'Ahmadou et, naturellement, jouit des mêmes prérogatives. Ils répondent ainsi aux secrets désirs du Commandant supérieur des troupes du Soudan qui, il faut le dire à son éloge, tout en leur faisant sentir notre force, ne néglige rien pour nous attirer leur sympathie. — Ici, qu'on me permette d'ouvrir une parenthèse pour rendre un pieux hommage au lieutenant-colonel Deporters qui, sous prétexte d'aller au Soudan étudier les doctrines des confréries religieuses musulmanes, n'hésita pas à quitter la Direction des Affaires indigènes de la division d'Alger pour mettre son expérience au service du général Archinard. Il fut son guide en matière musulmane et son conseil dans la région du Sahel, jusqu'au jour où il succomba à Sokolo. Son souvenir a été pieusement conservé par les Maures du Hodh. Quelques-uns se sont présentés avec des certificats qui leur avaient été délivrés par celui qu'ils considéraient comme leur ami et leur bienfaiteur. Je les ai accueillis en amis et je n'ai eu qu'à me louer des indications et parfois des avis qu'ils m'ont donnés. C'est donc au lieutenant-colonel Deporters que revient l'honneur d'avoir su, le premier, nous ménager sinon l'appui, du moins la neutralité des populations nomades du Sahel, au moment où elles auraient pu nous créer de graves difficultés.

Pourquoi n'a-t-on pas profité de leurs bonnes dispositions pour rendre nos relations plus étroites? Et à quoi faut-il attribuer ces incursions fréquentes, ces reconnaissances armées, ces combats occasionnels, en un mot l'état d'hostilité permanent qui a marqué la période de 1893 au mois de janvier 1899?

A la mauvaise foi, à la défiance, aux instincts sauvages des Maures, écrivent les différents commandants de cercle qui se sont succédé à Nioro, Goumbou et Sokolo.

A la violation de la parole donnée, des engagements pris, au manque de confiance, à la misère, prétendent les chefs des tribus rebelles.

Et l'on vivait ainsi en conflit perpétuel, au détriment de notre extension coloniale vers le Nord et des intérêts de tous.

Pendant que nous accordions l'aman à une tribu, une autre se préparait à razzier les villages frontières, à surprendre les caravanes. Hier, c'étaient les Oulad-Nacer, les Edouaïch et les Oulad-Embarek. Aujourd'hui ce sont les Allouch; les Medjdhouf eux-mêmes prennent part au conflit; ils deviennent plus dangereux à cause de leur nombre. Nos officiers ne savent, ne peuvent plus s'y reconnaître; ils ne distinguent plus les soumis des insurgés; dans l'impossibilité de les poursuivre dans les plaines lointaines, ils épient leurs mouvements, les guettent au passage. C'est la contre-guérilla avec ses surprises et ses mécomptes.

Et pendant ce temps, les commerçants essayent de franchir l'obstacle. Quels qu'ils soient, ils se présentent sous les auspices de la tribu amie. Mais peut-on les reconnaître? Ne viennent-ils pas échanger leurs marchandises, alimenter la fraction qu'il est nécessaire de réduire? Tandis qu'ils emploient la ruse, nous vivons dans le soupçon.

Les membres des fractions religieuses servent volontiers d'intermédiaires. Leur chapelet leur donne accès auprès de tous; mais souvent leurs prières ne sont pas entendues ou sont dénaturées, et, dans ce cas malheureusement trop fréquent, ils deviennent les meilleurs soutiens de la révolte.

Ainsi, tout en étant, par esprit de tolérance et par nécessité, dans les meilleures dispositions de paix réciproque, nous représentons, de part et d'autre, l'ennemi quotidien.

Comment en serait-il autrement? Nous avons, comme intermédiaires obligés, les populations sédentaires des villages frontières, auxquelles les Maures ont toujours inspiré et inspirent encore une terreur invincible ; — des interprètes incapables et sans moralité.

Les renseignements qui nous sont fournis se ressentent naturellement de l'épouvante des uns et de l'ignorance des autres. Ils nous représentent leurs anciens maîtres avides et cruels, nous citent des faits de véritable tyrannie. Tout est amplifié ; on ne distingue plus la légende de l'histoire ; tout se généralise ; les représentants de l'autorité locale, trop nouveaux dans le pays, ne peuvent être pourvus de l'expérience nécessaire pour voir clair dans le labyrinthe où ils se meuvent et règlent leurs actes sur ces récits légendaires ou ces renseignements intéressés.

L'autorité supérieure elle-même en fait parfois la base d'une politique d'extermination : « Les Maures sont des pillards qu'il faut exterminer », prescrit un officier supérieur, sans peut-être se rendre un compte exact de l'impossibilité où se trouvent ses subordonnés d'appliquer ses théories, sans se douter des conséquences regrettables que ses instructions peuvent avoir pour la politique extérieure dont le Soudan pourrait être le point de départ, le rôle prépondérant que la France doit avoir en Afrique et l'influence salutaire qu'elle doit exercer sur le monde musulman.

J'ai hâte de dire que les races noires échelonnées sur la ligne de démarcation du Sahel jouent le même rôle auprès des Maures. Ces derniers aussi s'en servent comme intermédiaires, et généralement ils sont victimes des mêmes légendes et des mêmes exagérations.

En changeant de maître, le noir est demeuré l'esclave d'autrefois. Il est placé entre deux feux, et, dans l'intérêt même de son existence, il essaye de se ménager l'appui de l'ancien et du nouveau maître, en les trompant tous les deux. Ses sentiments sont, d'ailleurs, avec le Maure, musulman comme lui ; leurs intérêts demeurent connexes et, dans cet ordre d'idées, peut-être n'avons-nous pas bien compris qu'en nous faisant les défenseurs de celui que nous pensions être l'opprimé contre l'oppresseur, nous étions en opposition avec les mœurs et les coutumes de chacun.

Et puis — il faut l'avouer — quels que soient les sentiments de pitié qui peuvent nous animer à l'égard de la race noire du Sénégal et du Soudan, quels que soient nos efforts pour la sortir de l'état d'asservissement où elle est plongée depuis des siècles, il faudra plusieurs générations avant de l'élever au niveau des peuples libres. Pour sa vitalité elle-même, il lui faut un maître. Le Maure le demeurera encore longtemps.

* *

Voilà, mon Général, l'évolution et l'état d'esprit des populations maures, au moment où vous avez jugé nécessaire de dissiper le malentendu qui nous séparait d'elles.

Vous aviez justement pensé que la France, grande et généreuse, ne pouvait établir de frontières entre territoires placés dans sa sphère d'influence ; vous avez trouvé qu'il était peu digne de ses enfants de poursuivre, sans trêve ni merci, des populations susceptibles de nous rendre de précieux services dans un avenir prochain et d'ailleurs inaccessibles à toute tentative de pénétration armée.

Reprenant les idées fécondes en heureux résultats que vous aviez essayé de mettre en pratique en 1895, en plaçant sous la même direction politique les divers cercles de la région du Sahel, vous avez reconnu la nécessité et l'urgence d'avoir une ligne de conduite générale, d'envisager la question maure avec ensemble et esprit de suite ; et, tout en établissant au Soudan français le principe d'une politique musulmane, vous étiez disposé à ouvrir les portes toutes grandes de notre conquête aux nomades du Nord, qui y viendraient animés des mêmes sentiments de paix, de labeur et de justice. Il fallait à tout prix mettre un terme aux tergiversations, au défaut de tolérance, au manque d'esprit de suite de la part des autorités chargées de la tâche de prévenir et de surveiller les agissements des Baïdan nomades, de protéger et d'administrer le noir sédentaire.

Dans cet ordre d'idées, vous avez bien voulu me confier la mission de prendre contact avec les chefs des tribus maures, de leur faire comprendre l'utilité d'une soumission basée sur le respect de leurs biens, de leurs croyances et de leur religion ; de leur faire connaître, surtout, l'intérêt de haute humanité qui nous guide dans notre marche en avant vers le Nord, en un mot d'inaugurer une politique d'apaisement et de conquête morale, en donnant à nos amis des marques de véritable sympathie et en essayant d'obtenir par la persuasion la reddition des chefs rebelles.

* *

Pour l'intelligence du rapport que j'ai l'honneur de vous soumettre et des résultats obtenus, je rappelle la situation géographique de chacune des principales tribus et les conditions d'ordre politique où elles se trouvaient au mois de janvier-février 1899 :

Sur la rive droite du Sénégal, « dans l'*Agan* », les Trarza, les Brakna, les

2

Edouaïch avec les Zénaga, leurs vassaux; les Oulad-Biri, les Djedjiba, les Ahel Hadjedj, les Lemtouna, quelques Tadjakant des Kounta, et, en remontant vers le Nord-Est, les Tagounant, les Oulad-Dinan, les Ideb-el-Hassen, les Ahel Barkallah, les Tendgha, les Tachdbit, les Koumilen et quelques autres fractions secondaires au caractère religieux et pacifique. Les unes sont tributaires, les autres indépendantes; toutes reconnaissent la suprématie guerrière des Trarza, Brakna et Edouaïch et l'autorité religieuse des chioukh Sidia et Saad-Bou.

Dans l'Adrar occidental, pays des dattes, des céréales, des chevaux, avec les fameuses mines de sel d'Idjil ayant Chenguitti comme entrepôt, toutes les fractions importantes y sont représentées : les Oulad Ahel-ben-Asman, les Chorfa, Douali, Laglal, Kounta, Taleb-Moktar, Oulad-Bou-Seba, les Medjdhouf, les Semalil, les Oulad-el-Habab, les Ahel Gora, les Oulad-Boulaïa, les Oulad-Dalim, etc... toutes tribus pacifiques, vassales les unes des autres, mi-sédentaires, mi-nomades, religieuses et parfois guerrières.

Les Kounta dominent par leur prestige, sont en quelque sorte gardiens intéressés des mines de sel; parmi les Oulad-Dalim généralement composés de fractions dépendantes des tribus religieuses ou d'origine guerrière, se recrutent la main-d'œuvre nécessaire à l'exploitation de cette richesse inépuisable du sol.

En remontant de l'Adrar vers le cap Juby, le Seguiet-el-Hamra et l'Oued Noun, on rencontre les Aroussin, les Reguibat centralisés dans le Zemmour, les Filalet, les Toukna commerçants de premier ordre, riches en chevaux avec quelques Tadjakant et des tribus religieuses importantes. Le cheikh Ma-el-Aïnin, célèbre par ses miracles et ses relations constantes avec la cour chérifienne, y a établi son domaine spirituel. Il est le véritable conseil de tous et le directeur spirituel et temporel de ces peuplades, en partie nomades, qui centralisent leur action dans l'Adrar occidental.

A l'ouest de l'Agan et de l'Adrar, ayant comme limites traditionnelles : au Sud, la partie Nord du Sénégal et la ligne de ravitaillement de Yelimanè à Nioro ; au Nord Ouadan, se trouve le *Tagant*, pays fertile, en partie montagneux, remarquable par ses plateaux sillonnés de mares abondantes, riche en pâturages et en terrains propres à la culture des céréales. Les Oulad-Sidi-Mahmoud en sont les gardiens; des Messoumat, Tadjakant, Daouali, Ahel Bou-Qsa, Togât, Tourkos, Kounta et Zenaga y nomadisent sous leur protection.

Plus loin, toujours à l'Est, le *Hodh* apparaît — telle une immense nappe ondulée — entouré de collines et de plateaux, limité au Sud par la ligne de ravitaillement de Nioro, Goumbou, Sokolo ; au Nord, par la route que suivent les caravanes entre Oualata et Tichitt.

Les Ahel Raïan, Nemadi, les Chorfa de Tichitt, les Ahel Ouali, les Deboussat occupent le versant septentrional. Au centre nomadisent les Medjdhouf, importants par leur nombre et leurs armes, les Oulad-Nacer, réputés par leur hardiesse au pillage et leur témérité au combat, les Laglal, les Hammonats, les Tenoadjiou, les Taleb-Moktar, les Oulad-Mahmoud et quelques autres fractions maraboutiques

sédentaires, comme celles d'Oualata, de Nema, de Karoungha et de Djira (Guirel)
nomades comme les Gouanin, les Oulad-Fadel et les Kounta.

Toutes subissent l'influence effective ou morale des Medjdhouf. Le chef de
ces derniers, le cheikh Mohammed ould Moktar, est le véritable seigneur du
Hodh.

La famille de Mohammed Fadel, à laquelle appartiennent les « thaumaturges »
Ma-el-Aïnin et Saad-Bou, y exerce une véritable influence religieuse. Le jeune
cheikh Sidi-el-Kheir semble être appelé à en bénéficier. Il est considéré comme
le détenteur de la *baraka*, cette parcelle divine qui, dans le mysticisme musulman, constitue le droit d'aînesse du plus digne des héritiers spirituels du saint
qui la possède.

Sur la suite de plateaux qui, d'Oualata à Ras-el-Ma, forment le versant oriental
du Hodh, habitent les Oulad-Daoud, vulgairement appelés Allouch, du nom de
leur principale fraction : les Ahel Bourada et les Idilba.

Enfin nous devons comprendre dans cette énumération fastidieuse la vaste
étendue de terrains sablonneux qui de Tombouctou s'étend jusqu'aux riches
salines de Taoudenni au Nord et à l'Adrar oriental au Nord-Est. Elle est connue
sous le nom d'*Azaouad*. La ville d'Araouan en est le centre ; Mabrouk, Boudjebiha, Taoudenni, en sont les dépendances. Les Berabich en sont les maîtres.

Ainsi l'immense espace où les Baïdan évoluent depuis des siècles, séparés de
leurs coreligionnaires de l'Afrique septentrionale par les thébaïdes du Tanez-
rouf et le Sahara marocain et des populations noires de l'Afrique centrale par
le Sénégal, la ligne de ravitaillement de Kayes à Sokolo et le Niger jusqu'à Tombouctou, comprend cinq régions, savoir : l'Agan, l'Adrar et ses dépendances à
l'ouest et au nord ; le Tagant et le Hodh au centre ; l'Azaouad à l'est. Je lui
donnerai le nom de « **Mauritanie moderne** ».

Dans chacune d'elles, les tribus que j'ai mentionnées y ont établi leur résidence et y connaissent leurs terrains d'estivage.

Celles qui, par leur nombre, leur origine nobiliaire ou religieuse, sont susceptibles de protéger les caravanes, y perçoivent des droits de péage établis suivant la volonté du cheikh ; le montant de la redevance subit malheureusement
les fluctuations de l'état des esprits.

Le puits, cette providence du nomade, constitue leur titre de propriété. Quelques koubba rustiques, élevées à la mémoire de thaumaturges vénérés, sont les
uniques traces qu'ils laissent de leur passage.

Ajoutons à ces groupes localisés quelques commerçants marocains et les
Tadjakant, convoyeurs qui, de Tendouf, Taoudenni, Araouan, Tombouctou ou de
Chenguitti, Tichitt, Oualata, colportent les marchandises provenant de Mogador,
du cap Juby, et nous aurons une idée générale du pays et des populations qui
devaient faire l'objet de mes plus vives préoccupations.

Ai-je besoin de dire que ces principautés aristocratiques ou religieuses, petites
ou grandes, vivent dans l'indivision absolue ? que des inimitiés profondes les
séparent entre elles ? que des rivalités personnelles ou des ambitions constantes

divisent les membres du même groupe, d'une même famille? Est-il nécessaire que j'insiste sur les querelles héréditaires qui les ravagent?

Je n'ai pas eu la possibilité de prendre contact avec les tribus de l'Agan et de l'Adrar placées dans la zone d'influence du Sénégal et d'ailleurs soumises au régime des traités. Mais, au Tagant et dans le Hodh, je n'ai pas trouvé deux groupes liés d'une amitié réciproque, je n'ai point trouvé une famille guerrière ou religieuse qui n'eût deux prétendants à la *cheïkaïat*,... au trône de la communauté, devrais-je dire. Je n'ai vu que des frères ennemis, hantés par l'ambition du pouvoir, se rendant parfois sanguinaires pour y parvenir.

Dans le Tagant, le cheikh des Oulad-Sidi-Mahmoud, Sidi el Moktar, a pour ennemi irréconciliable son frère Mohammed, placé à la tête d'une bande de malfaiteurs qui, sous les noms d'Ahel-Souaïd et de Souaker, font de fréquentes incursions dans les campements de leurs adversaires et mettent à contribution les commerçants ou voyageurs qui s'aventurent entre Tichitt et Nioro. Les Oulad-Nacer les soutiennent dans le but de combattre ces mêmes Oulad-Sidi-Mahmoud et leur chef. Naturellement leurs exploits ne se bornent pas à lutter contre les Oulad-Sidi-Mahmoud et à protéger leurs adversaires. Les Oulad-Embarek sont leurs victimes; les Medjdhouf du Hodh, leurs ennemis redoutés; un grand nombre de tribus religieuses ont quitté le Tagant pour ne point subir leur autorité ou être victimes de leurs razzou.

Dans le Hodh, le cheik Mohammed-ould-Moktar semble recueillir tous les suffrages des chefs des tribus qui observent une prudente neutralité ou sont inféodés aux Medjdhouf. Mais son oncle, Moktar Cheik, dépossédé par les membres de la djemâa, guette à son tour le moment favorable pour reprendre ses droits; les Hammounats sont à peine réduits, qu'ils s'apprêtent à lutter contre leur jeune maître, et combien d'ambitions sourdes, combien de haines inassouvies!...

« Sous ma tente je ne me nourris que de mets préparés en ma présence, et, dans les courses rapides que je fais à travers le Hodh, je ne prends d'autres aliments que de la viande tuée et desséchée par mes soins. Je ne quitte jamais mes armes », me disait le malheureux jeune homme — tant est grande son anxiété et la crainte que lui inspirent ses ennemis. Les mêmes intrigues, les mêmes rivalités existent chez les Laglal, les Oulad-Mahmoud, dans les plus infimes fractions.

Rappellerai-je ici les luttes intestines des Allouch et des Berabich, entre le Hodh et l'Azaouad, l'assassinat du chef des uns et les tentatives d'empoisonnements si fréquentes chez les autres? C'est l'état de guerre continuelle et l'insécurité permanente des biens et des personnes.

Ces dissensions avaient sans doute contraint nos commandants des cercles frontières à négocier avec les chefs de groupes et à prendre parti pour ceux qui montraient les meilleures dispositions à notre égard. Ils étaient d'ailleurs considérés eux-mêmes comme des chioukh locaux,... des pairs avec lesquels on suit les traditions d'honneur et de loyauté usitées entre chefs susceptibles de faire respecter les engagements pris.

Je suis arrivé à Nioro, chef-lieu de la région du Sahel, à la période de l'estivage, période critique durant laquelle chacun mesure ses forces avec celles du voisin, renouvelle les conditions de paix faites l'année précédente ou recommence les hostilités :

Les Oulad-Sidi-Mahmoud, mécontents de notre attitude avec les Oulad-Nacer, venaient par nécessité sur notre territoire, mais se tenaient sur la défensive prêts à reprendre la direction du Nord ou à attaquer nos administrés.

Les Oulad-Nacer sollicitaient notre appui contre les Medjdhouf; ils pillaient, entre temps, les Oulad-Embarek pour nous payer les droits de pacage; ces derniers, définitivement soumis, avaient acquitté la contribution de guerre que nous leur avions demandée et réclamaient notre appui contre les Oulad-Nacer.

Le Hodh était en pleine agitation : les Medjdhouf, desquels nous exigions les têtes de leurs principaux chefs, plusieurs milliers de moutons, quelques centaines de chameaux et la restitution de nombreux captifs comme prix de la paix qu'ils étaient désireux d'obtenir, nous répondaient en razziant les malheureuses populations sédentaires et en pillant les caravanes.

Les Allouch, plus violents dans leurs attaques, avaient été déclarés intraitables après leur avoir demandé, à eux aussi, la tête de leur chef et de nombreux gages de leur soumission. Mais, à l'instar des Medjdhouf, ils ne sortaient de leur repaire que pour faire de fréquentes incursions dans leurs anciens villages nouvellement soumis à notre autorité.

La principale route que suivent les caravanes entre Médine, Nioro, Tombouctou, était pour ainsi dire abandonnée; aucun commerçant ne s'y engageait sans escorte, et nos convois eux-mêmes n'étaient plus en sûreté.

Dans une sphère plus élevée, les Kounta, habilement secondés par quelques fractions religieuses, telles que les Taleb-Moktar et les Laglal des environs d'Oualata, prêchaient la guerre sainte contre l'ennemi commun.

A Nioro, les échos parvenaient, comme toujours, amplifiés ou travestis; l'inquiétude du commandant de la région était grande, et, tout en essayant de prévenir l'orage, chacun se préparait à faire face à la tempête.

Personnellement, j'avais lieu d'être alarmé : j'étais chargé de prendre contact avec les chefs rebelles et je ne voyais même pas la possibilité d'entrer en relations avec ceux qui étaient censés être nos meilleurs amis. Dans cette ville de Nioro, en temps ordinaire rendez-vous des caravanes, habitée par une population maure assez dense, nous ne pouvions, le commandant de la région et moi, trouver un guide volontaire, il nous était impossible de louer un méhari. Toutes les fois que j'indiquai la direction des campements maures, chacun battait en retraite, tous me dissuadaient de mes projets de départ. Il fallait pourtant prendre une décision. Puisque les chefs maures ne voulaient, ne pouvaient venir à nous, il était urgent d'aller à eux et de leur faire comprendre que la France n'était ni Goumbou ni Sokolo, comme ils pouvaient le supposer, mais qu'elle était grande, puissante et généreuse.

Plus que partout ailleurs, la méthode inaugurée en Algérie par le maréchal

Bugeaud avec les hordes d'Abd-el-Kader devait trouver son application :... « surprendre l'ennemi en tous temps et en tous lieux, le pourchasser sans trêve »... sont les seuls moyens susceptibles de rendre à la raison les nomades et de rehausser, à leurs yeux, le prestige de ceux qui les emploient avec succès. Mais ici je ne pouvais, je ne devais songer à me faire suivre par une escorte importante ou en armes. Je me serais exposé à ne rencontrer devant moi que l'immensité, à errer longtemps dans la solitude et à faire périr infailliblement ceux qui me suivaient, de privations de toutes sortes. Non, mon rôle était plus grand, mon action, toute d'énergie, de tolérance et d'humanité, devait s'exercer sur les esprits des musulmans farouches qui m'attendaient. Je devais leur inspirer confiance, et pour atteindre ce premier résultat il fallait... les surprendre... en ami, au nom du gouverneur du Soudan, leur protecteur naturel; il fallait avoir confiance moi-même. Elle ne m'avait jamais abandonné cette confiance, sachant par expérience que les fanatiques qu'on me dépeignait sous un jour sombre étaient, pour la plupart, des hommes accessibles à nos sentiments de justice et de sagesse, reconnaissants et, à l'occasion, dévoués. Je connaissais trop aussi leurs divisions, leurs intérêts et leur misère, pour douter un seul instant de l'accueil qu'ils devaient me réserver.

.*.

Le 19 janvier, je partis dans ces dispositions d'esprit, à la recherche du campement du cheikh des Oulad-Sidi-Mahmoud. Le maréchal des logis Pinguet, M. Marthe, interprète, et deux gardes-frontières m'accompagnaient. Je le rencontrai entre la mare de Katia et le village abandonné de Koubbi, à trente-cinq kilomètres environ au nord-ouest de Nioro.

Le souvenir de ces tentes élevées sans souci de l'harmonie au milieu du bois épais, dans le but sans doute de les préserver des regards de l'ennemi; l'aspect sauvage de ce monde en émoi, de son existence pêle-mêle avec les troupeaux rentrés des pâturages, de ces femmes voilées de la mantille antique, de ces enfants nus, accroupis sur le sol, insouciants des rayons d'un soleil tropical, restera longtemps gravé dans mon esprit. Je revoyais par la pensée la tribu de l'époque biblique, et lorsque je vis apparaître Sidi el Moktar, entouré des membres de sa djemâa, avançant vers moi le pas lent et l'air majestueux, je crus un instant me trouver en présence d'un prophète de Judée. L'accueil fut imposant et cordial. En quelques minutes on m'improvisa une tente, les principaux notables qui, généralement, sont admis aux palabres dans les circonstances graves, furent autour de moi : « Sois le bienvenu, — me dit le cheikh Sidi el Moktar, — tu es le « premier Français qui ait pénétré dans le campement du cheikh des Oulad-Sidi-« Mahmoud, tu es ici chez toi: tout t'appartient, nous sommes tes captifs. Tes « émissaires nous ont appris que le grand chef du Soudan t'envoyait parmi

« nous pour nous rassurer sur vos intentions pacifiques et sur celles que vous
« avez de nous prendre sous votre protection. Nous savons d'ailleurs, par les
« hommes pieux et savants du Nord, que tu es notre ami... notre bienfaiteur.
« Mille fois sois le bienvenu. »

J'écoutais les démonstrations toutes orientales de ce chef craint et vénéré dans
le Tagant, et, à l'approbation tacite de tous ceux qui l'entouraient, j'avais la certitude qu'il était l'interprète fidèle de leurs sentiments.

Pendant le dialogue qui s'engagea entre nous, les captifs immolaient quelques
moutons, les femmes préparaient la *diffa*. Bientôt ce fut un repas pantagruélique,
servi avec tout le cérémonial usité en pareilles circonstances chez les musulmans
de l'Afrique septentrionale : du mouton grillé (*mechoui*), des dattes de l'Adrar, du
miel, du *couscouss* de blé de l'Adrar et encore du mouton apprêté aux diverses
sauces piquantes que connaissent tous ceux qui ont vécu au milieu de nos indigènes algériens.

« Sois notre intermédiaire auprès du gouverneur du Soudan, de tous les grands
« de ton pays, — me répétait sans cesse Sidi el Moktar, — pour leur dire combien
« nous serions heureux d'avoir la paix. Regarde autour de toi : les vieillards, les
« femmes, les enfants pensent comme moi. A tous les instants de la journée,
« dans la nuit, nous craignons une surprise de l'ennemi. La nuit dernière, mon
« frère Mohammed, à l'instigation des Ahel Souaïd, a essayé de pénétrer dans
« mon campement dans le but de m'assassiner, les Oulad-Nacer nous ont volé
« quatre chevaux.

« Ma vengeance serait terrible si nous étions aux environs d'Ouadan; mais ici
« nous sommes sur votre territoire, je suis votre hôte. Mes adversaires ne man-
« queraient pas de vous dire que je viens déclarer la guerre au commandant de
« Nioro, ou pour piller les villages, alors que nous n'aspirons qu'à la tranquillité.

Et, sur le reproche que je lui adressais de ne point venir à Nioro faire preuve de
déférence à l'égard de l'autorité locale et sur le peu d'empressement que lui et
les siens mettaient à se libérer des droits de pacage imposés aux Maures qui
viennent en estivage sur notre territoire, il reprenait :

« Puisque je suis venu jusqu'ici, je ne manquerai pas de me rendre à Nioro.
« Je donnerai l'exemple de la soumission; mais, à vrai dire, y serai-je bien ac-
« cueilli? Lorsque mon frère installé au nord de Kaïdi se rend lui-même ou
« envoie des émissaires chez les Français de ce pays, on lui paye la *ghafara*
« (coutume, tribut); de moi on exige des impôts, et toi-même tu m'annonces
« qu'on ne reconnaît l'autorité d'un chef sur un pays qu'en payant les impôts
« reconnus légaux.

« Je sais d'ailleurs qu'il en est ainsi, puisque Allah l'a décrété dans le Livre
« divin et que Mohammed l'a proclamé; mais, en réalité, n'êtes-vous pas tous
« des Français, et ne sommes-nous pas tous des Baïdan ? Pourquoi cette diffé-
« rence de traitement? Pourquoi soutenez-vous les uns pendant que vous com-
« battez les autres? N'êtes-vous pas assez forts pour nous imposer vos lois et
« nous dicter votre justice?

« Vous nous faites transmettre des ordres par les « Soudanais », nos anciens
« captifs; quelques-uns saisissent l'occasion pour nous traiter en inférieurs, nous
« les blancs de ce pays! nous, leurs éducateurs en matière religieuse. Nos servi-
« teurs nous quittent pour aller se réfugier dans les villages placés sous votre
« autorité et si, reconnaissant votre force et espérant en votre justice, nous vous
« supplions de les faire revenir à leurs travaux, vous nous répondez qu'ils sont
« libres!...

« Tu me dis qu'en France il n'y a pas de privilèges...

— En effet, la France accueille dans son sein les malheureux et les opprimés.
Tous ceux qui viennent se placer sous son drapeau lui sont égaux. Elle les aime
et les protège avec la même sollicitude. Ce sont ses enfants adoptifs.

— « Louange à Dieu! — reprend vivement Cheikh el Moktar, — traitez-nous avec
« les mêmes égards, appliquez-nous les mêmes règlements, protégez-nous au même
« titre que les Soudanais; mais, de grâce! en ce faisant, n'oubliez pas que nous
« sommes des musulmans et que nous n'avons jamais été des captifs. N'oubliez
« pas que le Coran ne nous prescrit d'autres maîtres que Dieu et ceux qui le
« représentent. Vous êtes momentanément les plus forts. Allah le veut ainsi.
« Nous nous inclinons donc avec résignation; mais, si vous représentez réel-
« lement le pouvoir temporel dans ce pays autrefois soumis à des païens, vous ne
« devez pas ignorer que nous avons des mœurs, des coutumes et une religion
« que vous devez respecter. Sachez qui nous sommes. N'essayez pas de nous
« déconsidérer aux yeux de nos serviteurs et de nos femmes; et par Dieu! je le
« jure sur le Coran que tu m'as offert, vous n'aurez pas de meilleurs, de plus
« fidèles auxiliaires que les Oulad-Sidi-Mahmoud. »

Il était quatre heures du soir. Je quittai le campement du cheikh Moktar et
rentrai à Nioro vers neuf heures, quelque peu ému de l'accueil sympathique qui
m'avait été fait et des observations si justes qui m'avaient été présentées. Je
traduis le plus fidèlement possible ces dernières, d'autant plus volontiers
qu'elles résument toutes celles que j'ai reçues de la plupart des chefs avec
lesquels je suis entré en contact et surtout de la partie laborieuse de la population maure. Elles expriment l'état d'âme des peuplades du Hodh aux prises
avec les multiples difficultés d'une existence troublée. De crainte de n'en dimi-
nuer la portée, je n'y reviendrai plus dans ce rapport sommaire.

Désormais, j'avais la certitude de réussir dans les démarches que j'étais plus
que jamais résolu de tenter auprès des chefs rebelles, et, par mon télégramme du
22 janvier, j'insistais auprès de vous, mon Général, pour que vous apportiez
quelque tempérament aux conditions de paix imposées aux Medjdhouf.

Le 24, à six heures du matin, je quittai définitivement Nioro, en compagnie du
jeune maréchal des logis Chevrillon et de deux plantons, pour me diriger enfin
vers les campements des différentes tribus maures.

Je me souviendrai longtemps de la curiosité, de la crainte instinctive qui se
dessinaient sur les larges figures des indigènes noirs que je rencontrais sur ma
route : à Dianvalé, Komané, Korkodio, villages toucouleurs situés dans la direc-

tion des terrains de parcours où je pensais entrer en relation avec les Oulad-Nacer, c'était une véritable surprise. Pour tout ce monde apeuré, j'allais au-devant des plus grands dangers, et le brave M. Marthe lui-même avait cru devoir me faire observer que les Medjdhouf m'avaient dressé le plus grossier des guet-apens.

Dans le silence de mon cabinet, je comprends aujourd'hui par quelles angoisses dut passer le commandant de la région, durant le temps que je rayonnais dans les environs du cercle de Nioro, et, volontiers, je l'excuse de tout cœur de l'hési-tation qu'il semblait montrer à me laisser partir et du peu de confiance qu'il avait dans la réussite de l'œuvre de pacification entreprise.

A la mare de Korkodio, où mes compagnons et moi arrivions à neuf heures et demi, et où j'espérais rencontrer Ammar, cheikh des Oulad-Nacer, mon appré-hension fut grande de ne trouver personne, et pendant toute l'après-midi je parcourus la plaine jonchée de ronces à la recherche du solitaire qu'on m'avait dit avoir blotti ses tentes dans le fourré des alentours.

Le soir, à sept heures, nous arrivions à Nomo, un de ces nombreux villages tou-couleurs entrepôts de captifs, en apparence des plus prospères. Un guide occa-sionnel nous avait maintes fois égarés, et réellement la nuit nous aurait surpris en contournant des marigots, si nos plantons n'avaient reconnu le sentier du village voisin.

Pendant que je chevauchais dans la *brousse*, les éclaireurs, qui, sans doute, surveillaient de loin mes mouvements, transmettaient la « nouvelle ». Les esprits se préparaient à me recevoir, et j'eus, le lendemain, la certitude qu'ils s'étaient prononcés en faveur d'un accueil paisible. A huit heures du matin, à quelques kilomètres de Nomo, je surpris le campement des Oulad-Nacer. Ammar était entouré des principaux notables de sa tribu; des sentinelles en guenille surveil-laient les abords des tentes dressées sur un mamelon entouré d'épines. Je traitai Ammar quelque peu durement de ne pas être venu à ma rencontre; mais, doucement, il m'écarta du groupe qui, aussitôt, m'avait entouré, et, avec un signe de mépris, il me montra les membres de sa djemâa. « Je suis leur pri-« sonnier — me dit-il — et, malgré moi, je n'ai pu te recevoir en véritable ami. « Ils connaissent les sentiments d'amitié que tu as exprimés chez les Oulad-Sidi-« Mahmoud, nos ennemis; ils craignent une entente entre vous, et, naturellement, « la confiance qu'ils étaient en droit d'avoir aux paroles de tes envoyés s'est « transformée en un vif ressentiment. Nous sommes en palabre depuis hier soir; « vainement, j'essaye de leur faire comprendre combien leur conduite est blâ-« mable. »

On le voit, ici aussi, je devais placer notre action au-dessus des querelles qui séparent ces malheureuses tribus; je devais oublier un instant l'origine de chacune d'elles, pour ne voir que le Maure, en général, et le traiter avec le même esprit de bienveillance et de justice. Ce fut ma devise auprès de ces for-cenés, bientôt revenus à de meilleurs sentiments. Mais quelles haines inassouvies et combien les racines du mal sont profondes!

« Nous cesserons de combattre les Oulad-Sidi-Mahmoud sur notre territoire,
« puisque tu les places sous ta protection, mais tu ne peux nous refuser l'auto-
« risation d'aller égorger les Medjdhouf vos ennemis. Nous partons à l'instant ;
« nous te suivrons chez eux, si tu le désires. »

Et comme pour me donner un témoignage de leur bravoure, chacun ramassait
ses armes un moment abandonnées sur le sol, chacun apprêtait sa monture.

— « Demeurez en paix, mes amis, nous n'avons besoin du concours de personne
pour vaincre nos ennemis ou châtier les coupables ; payez vos impôts, soyez
soumis, n'inquiétez pas les honnêtes gens, et vous aurez droit à la même protection que celle que nous accordons aux populations laborieuses et de bonne foi. »

Je quittai ce campement de malfaiteurs prêts à s'assagir. Entre-temps j'obser-
vais un troupeau de moutons de toute provenance réunis, sans doute, pendant la
nuit, dans les campements voisins des Oulad-Embarek, pour solder les droits de
pacage exigés par le commandant du cercle de Nioro.

Yéréré avec ses champs de mil et ses troupeaux de bœufs porteurs, *Séï*, village
touçouleur, quelques caravanes de Maures au regard inquiet, toujours la ronce
de plus en plus clairsemée, des plateaux accidentés, des lits rocailleux de ruis-
seaux alimentés à l'époque des pluies, attiraient successivement notre attention.
De petits campements d'Oulad-Embarek nous montrent quelque réserve. Mais
voilà un groupe imposant de Tenouadjiou qui s'avance à notre rencontre, salue
respectueusement ma petite caravane et nous offre ses services.

— « Notre chef, *un vrai chérif*, celui-là, vient d'être prévenu de ton passage. Il
« t'attend... là-bas, au nord de Tringoumbou. Nous sommes ses sujets, venus ici
« pour diriger tes pas et mettre à ta disposition nos livres et notre connaissance
« du pays ».

Et aussitôt ces lettrés modestes, victimes de la piraterie des Souakers et
autres nomades redoutés, de m'escorter jusqu'au premier village où leur chef
s'était rendu avec les siens, faisant, pour une fois, cohorte avec les Sarakolais
sédentaires dans le but de me réserver un accueil enthousiaste. Ce fut une soirée
de fête pour ces pauvres chorfa impuissants à imposer ou à défendre leurs privilèges et avides de sécurité.

J'étais à leurs yeux l'heureux messager qui leur apportait une paix durable
avec nous et l'espoir d'une tranquillité nécessaire dans leurs tribus. Naturellement
ils devenaient, de par leur caractère, les meilleurs auxiliaires de mon action.

26 *janvier*. — Ils espéraient, d'ailleurs, que j'aurais borné mon excursion à
leur campement, placé aux extrêmes limites des territoires d'administration
directe ; leur surprise fut grande de me voir faire appel à leur concours spontané
pour aller prendre contact avec les Medjdhouf, campés, m'avait-on dit, au
nord de Kassakaré. Aucun d'eux, malgré l'attachement qu'ils semblaient me
manifester, ne voulut me conduire à proximité des terrains de parcours de nos
ennemis, et les nègres Diawara et Sarakolais imitèrent leur exemple, sous prétexte que la route autrefois suivie par les caravanes entre Tringoumbou et Bas-
sagha n'était plus fréquentée.

Une fois de plus je me trouvais sans guide pour me conduire chez les fractions rebelles et je me voyais dans l'obligation de revenir sur mes pas.

J'avais cependant tout lieu de croire que les Medjdhouf auraient accueilli avec reconnaissance la nouvelle de la grâce que vous aviez bien voulu leur faire des têtes de quelques-uns de leurs chefs, nouvelle heureuse entre toutes que le commandant de la région s'était empressé de me faire parvenir.

Vous aviez trouvé, en effet, quelque peu excessives, mon Général, les conditions de paix imposées aux Maures réfractaires et, tout en maintenant, en plus grande partie, nos exigences possibles à satisfaire, vous aviez jugé qu'il était de sage politique de ne point demander un si lourd sacrifice à ceux dont nous désirions obtenir la soumission.

Vous facilitiez ainsi ma tâche, mon Général ; mais comment faire comprendre aux malheureuses victimes de nos luttes permanentes avec leurs coreligionnaires qu'en me suivant, aucun danger ne les menaçait ?

Je dus, à mon plus vif regret, me replier sur les sentiers battus par les populations sédentaires et rejoindre Goumbou par étapes moyennes de quarante à cinquante kilomètres et en faisant de nombreux détours nécessités par le désir que j'avais d'étudier sur place les fractions en estivage dans la région.

A 7 h. 1/2, j'étais à Guesséné ; le lendemain, 27, à Diourné (la Fassala des Maures) ; le 28, je rencontrais les Laglal à Saad-Bou et pouvais atteindre Foffara (Hofara de la carte) ; le 29, je campais à Halasso et le 30, à 8 heures, je recevais la plus large et la plus cordiale hospitalité chez MM. le commandant et officiers du cercle de Goumbou. Je ne consignerai pas, dans ce rapport pour ainsi dire exclusivement politique, les observations faites, au cours de ma course hâtive, sur la nature du sol, les paysages sans cesse renouvelés, la forêt offrant l'aspect d'une série de vergers abandonnés, sur l'acacia sous toutes ses variétés, sur la faune et les feux de brousse, etc., pas plus que je ne m'attarderai à la description des villages rencontrés, des diverses races qui les peuplent, de leurs mœurs si curieuses, et des scènes si intéressantes de la circoncision auxquelles j'ai assisté.

De l'étage des collines dénudées par les troupeaux du nomade, j'étais redescendu dans celui de la plaine aux grandes herbes ; j'avais quitté les fins pâturages où vivent l'antilope légère et le méhari, pour les marais où le sanglier se vautre et le bœuf à forte bosse se repaît.

Je me réserve d'en faire l'objet d'une étude spéciale, amplement documentée. Mais si je ne puis, dans cette esquisse de mon voyage, enregistrer toutes les remarques faites et les impressions ressenties, je ne dois pas omettre de signaler à l'attention de tous les fractions amies (Oulad-Embarek, Tenouadjiou et Laglal) qui rayonnaient dans la contrée, pour l'attitude sincèrement obligeante qu'elles ont observée à mon égard.

Informées de mon passage par je ne sais quel courrier vertigineux, elles m'attendaient aux abords des sentiers, aux approches des villages que je traversais et, longuement, m'exposaient leurs besoins et leurs désirs : les mots *paix, soumission* et *liberté de circuler* résumaient leurs palabres.

Quelques-uns (des chefs de campement) se croyaient tenus de m'offrir des moutons ou le lait réparateur qu'on est si heureux de pouvoir se procurer à chaque halte.

Il y en avait qui tendaient amicalement à mes compagnons et à moi des outres remplies d'eau fraîche et peu boueuse, un véritable festin sous un soleil ardent, la plus délicate et la plus appréciée des attentions. Ceux dont je craignais la défiance venaient à moi humbles et soumis.

Abdallah, cheikh des Laglal, se montra le plus dévoué de nos sujets, et les caravaniers eux-mêmes, informés sans doute par les autres, devenaient volontiers mes guides et nous offraient, à l'occasion, leurs montures. Tous rivalisaient de zèle pour annoncer l'arrivée de l'envoyé du Gouverneur du Soudan, tous préparaient les esprits à me recevoir, chacun m'attendait avec confiance.

Par un curieux contraste, les Maures, traités en ennemis, chassés de notre territoire et parfois persécutés, devenaient nos meilleurs instruments de propagande auprès des musulmans nègres de ce pays qui paraissaient vouloir méconnaître notre autorité.

A Goumbou, je trouvais le capitaine Chenard fort inquiet de l'attitude de ces derniers. « Depuis quelques mois, — me disait-il, en parcourant avec moi le vil-« lage, — ils s'éloignent peu à peu du cercle ; de faux bruits circulent dans les « centres environnants. Nos agents et quelques chefs indigènes sur le dévoue-« ment desquels nous étions en droit de compter, nous échappent. Ce sont des « symptômes de révolte qui dénotent une action occulte, prête à se déclarer en « rébellion ouverte. »

Le lendemain, je fus heureusement surpris en voyant, sur le marché, quelques Laglal et autres Maures appartenant à des tribus religieuses encourager les musulmans à se présenter à moi, les assurant de notre sollicitude à leur égard.

La tache d'huile que nous avions laissée dans leurs campements se développait avec intensité par leur intermédiaire et envahissait les mosquées les plus obscures où les marabouts locaux façonnent les consciences.

D'autre part, quelques personnages religieux avaient été mandés par les soins du commandant du cercle et, pendant cinq jours, la case couverte de chaume mise à ma disposition, fut transformée en une véritable *zaouïa* (école, lieu de prière, de réunion) où les thaumaturges, les *tolba* (élèves, lettrés), les *moqaddim* (vicaires de confrérie) de la contrée, se rencontraient. Il en vint de Guirel (Djira), d'Hakor, d'Halasso, de Dimba, etc... Quelques-uns firent plus de quatre-vingts kilomètres pour nous exprimer leur attachement et surtout dans le but de faire valoir leur érudition.

En devenant musulmans, ces anciens captifs sont devenus des hommes. Le talisman qu'ils portent sur leur sein soigneusement enveloppé relève leur condition. Naturellement, ceux qui parviennent à connaître quelques versets du Coran ou les formules spéciales à la confrérie qui les a initiés, sont, aux yeux de la massse ignorante, des savants respectés et parfois vénérés.

Les plus confiants me montraient leur *dikr* (oraison, formules spéciales à chaque confrérie), leurs *idjeza* (diplôme de moqaddim). Quelques encouragements suffirent pour décider les hésitants à me donner copie de leurs amulettes. J'y reviendrai en détail dans la troisième partie de ce rapport.

Je pus ainsi recueillir de précieux documents sur les confréries religieuses musulmanes et aider l'autorité locale à ramener à nous une population que des événements antérieurs nous avaient désaffectionnée. J'appris plus tard avec satisfaction que le capitaine Chenard n'avait rien négligé pour la maintenir dans cet état de soumission et de confiance, et j'ai tout lieu d'espérer qu'il en est encore ainsi.

Le 6 *février*, le cheikh Sidi-el-Kheir arrive escorté de son frère Cheikh Lamine et de quelques-uns de ses meilleurs élèves (*telmid*). Je comptais sur ce personnage et sur son cousin Tourad, pour me préparer les voies chez les Medjdhouf et les Allouch campés dans le Hodh. Avec eux, je pensais avoir des appuis sérieux et des guides intelligents. Ce dernier, mécontent ou en état d'hostilité, me fit dire qu'il était gravement malade ; mais le frère des chioukh Ma-el-Aïnin et Saad-Bou mit son influence et sa personne à ma disposition. Il fut mon guide et mon conseil.

Le 7, je quittai Goumbou avec lui et son escorte. Le lieutenant Picard, signalé à mon attention par son esprit large, à la fois énergique, tolérant et humanitaire, fut mis à ma disposition. Deux gardes-frontières nous suivaient. Naturellement, nous avions eu soin de laisser nos carabines au râtelier. Nous allions traverser les campements ennemis en hommes de paix, porter à la connaissance des réfractaires la nouvelle décision de clémence prise par le représentant de la France dans un but de pacification générale, et, tout en obtenant la reddition des Medjdhouf et des Allouch, nous devions leur faire comprendre que, si nous étions à même de châtier ceux qui nous résistaient, il nous était aussi facile et agréable de pardonner.

Pour remplir ce rôle, nos revolvers nous avaient paru suffisants, et, d'ailleurs, le cheikh Sidi-el-Kheir nous donnait l'assurance que, par la puissance occulte de son chapelet, il aurait fait fléchir les plus récalcitrants.

Il me faudrait écrire un volume pour rappeler en détail les péripéties de cette reconnaissance quelque peu téméraire.

Je le ferai sans doute dans mes moments de loisir. Mais, pour l'instant, qu'il me soit permis, mon Général, de vous en exposer les grandes lignes. Je les relève fidèlement de mon journal de voyage, de crainte d'en dénaturer l'impression première. Veuillez, je vous prie, en excuser la forme négligée.

7 février. — Départ de Goumbou à quatre heures et demie ; arrivée à Kebida à 9 heures, allure au pas et au petit galop. Rien de particulier ; toujours la brousse clairsemée, un village à droite, quelques champs de mil (*lougan*), puis le plateau immense. Au loin on aperçoit des taches noires et blanches : ce sont les campements des Oulad-Mahmoud ; leurs troupeaux en route pour le Sud. Ils font halte aux abords des mares presque desséchées. Nous traversons les agglomérations de bestiaux... le sable nu, jusqu'au village sarakolais de Néra. De là, encore un coteau et les deux villages de Kebida (l'un sarakolais et l'autre bambara) apparaissent dans la plaine jonchée de cotonniers à l'état sauvage. Quelques métiers rustiques dans les rues étroites de cette agglomération de cases bâties sans style et sans harmonie.

De trois heures à cinq heures et demie, nous franchissons le court trajet qui nous sépare d'Oum-Berda.

8 *février*, — et le lendemain à dix heures et demie nous faisons halte à Guirel (Djira des Maures), le dernier village que nous rencontrerons. Le terrain est plus accidenté, quelques points ferrugineux apparaissent çà et là, les plantes sont plus variées, la chaleur est moins intense.

Guirel est un des derniers vestiges de la conquête marocaine. Ses habitants — les *R'man* — sont des métis maures-bambara. Ils nous paraissent dévoués, mais subissent naturellement l'influence des Medjdhouf auxquels, autrefois, ils payaient tribut. Nous quittons ce centre hospitalier à cinq heures pour profiter de la température clémente de la nuit et aller nous reposer quelques instants au puits de Boubouni.

9 *février*. — Nous pensions surprendre quelques Medjdhouf au point de Kaossa et notre marche fut hâtive. Ici plus de sentiers, plus de vestiges. Il faut l'expérience du cheikh Sidi-el-Kheir pour nous indiquer les traces du passage récent des chameaux, les arbustes fraîchement broutés. Différents autres indices, auxquels le nomade ne se trompe jamais, nous indiquent la présence des Medjdhouf, et mille précautions sont prises pour ne point les effaroucher. Hélas ! nous n'y parvenons pas. Notre arrivée à Kaossa cause une véritable panique ; les campements sont levés en quelques minutes, le puits est abandonné, et hommes, femmes, enfants se sauvent dans le bois, emmenant, pêle-mêle, troupeaux, chameaux, tentes et menus objets. Les appels réitérés des *telmid* du cheikh ne sont pas assez puissants pour retenir ce monde apeuré : « Ils nous prennent pour l'avant-garde, — me dit Sidi-el-Kheir, — il faut « faire halte ici, si nous ne voulons être exposés à ne rencontrer personne ou à « être victimes d'une embuscade. Trois de mes élèves battront le maquis, les « autres iront prévenir les Allouch et les notables des Medjdhouf. Ma présence « parmi vous est pour eux une garantie et je ne doute pas qu'ils ne viennent « tous. »

Au surplus, le pays est des plus pittoresques : une plaine dénudée, entourée de broussailles, des plateaux couverts d'une sorte de *diss*, quelques vallons propres à la culture, des pâturages excellents. Autour du puits, le cimetière des Tlagma, Gouanin et autres fractions maraboutiques. J'y remarque des stèles funéraires avec des inscriptions arabes assez soignées.

10 *février*. — J'attends infructueusement les Medjdhouf. Vers midi, quelques-uns viennent en éclaireurs. Je les rassure sur nos intentions pacifiques, et bientôt ils sont suivis des notables de leurs tribus respectives.

11 *février*. — Les Medjdhouf continuent à m'envoyer des délégations. Les

chefs sont accompagnés des notables. Ils m'offrent des moutons. Je leur fais quelques cadeaux. Le cheikh Sidi-el-Kheir redouble de zèle et d'éloquence, et les Djenabdja, Oulad-Mellouk et autres font acte de soumission.

12 *février*. — Le séjour de Kaossa devient insupportable, les envoyés du cheikh chez les Allouch n'arrivent pas ; d'autre part, j'apprends que ce dernier serait allé conférer avec le chef des Medjdhouf. Tourad m'envoie son frère, un jeune homme porteur d'une lettre dans laquelle j'étais invité à aller chez Mohammed ould Moktar. Je ne puis accepter, m'étant décidé à me rendre aux environs de Nema pour mettre un terme aux tergiversations des deux principaux chefs du Hodh et prendre contact avec la masse que je savais être dévouée au descendant du cheikh Mohammed Fadel (Sidi-el-Kheir).

Les tribus environnantes étaient d'ailleurs revenues de leur première erreur ; les principaux notables nous escortèrent dans la brousse et engagèrent les craintifs à venir se soumettre.

13 *février*. — Nous partons de Kaossa dans la direction de Nema. Point de route, pas même de sentier, toujours la plaine inculte, broussailleuse ; quelques gommiers, deux coteaux boisés, des terrains de culture en friche et d'immenses pâturages, voilà le spectacle imprévu qui s'offre à ma petite caravane. Nous activons notre marche pour ne pas être obligés de camper dans des contrées inconnues et sans eau.

A 20 kilomètres nord-ouest de Kaossa, on me fait remarquer le tombeau du sultan peulh *Ila ben Mellad*, tué par les premiers conquérants baïdan. C'est un carré entouré d'une muraille grossière au milieu d'un cimetière commun.

Toujours au nord-ouest, à notre gauche, la forêt de gommiers d'*Ouantah*, puis la mare du même nom où nous allons abreuver nos chevaux. On a ici l'illusion d'une de ces plaines verdoyantes de Normandie, avec la couleur locale que donnent les nombreux troupeaux de chameaux, moutons, chèvres, de la tribu des Tidjar (fraction des Medjdhouf).

Un véritable concert d'oiseaux aquatiques anime le paysage. A droite, quelques arbres isolés ; le tout protégé par les mânes d'un *ouali* (saint musulman) célèbre, auquel on a élevé un petit monument.

Nous marchons toujours au nord-ouest jusqu'au puits de *Poumdat* à l'ouest, pour atteindre ceux de *Bou-Amran* : l'eau est claire, légère, sans goût, excellente. Nous en profitons, et nos chevaux aussi... Encore quelques kilomètres à franchir et nous arrivons enfin à *Medgharouah*, où se trouve le campement du cheikh Sidi-el-Kheir et où de véritables réjouissances nous attendent. Hommes, enfants, parents et captifs se précipitent autour du patriarche, l'enlèvent de son superbe méhari et respectueusement le déposent au milieu de cette foule en délire. C'est le retour du bon père de famille, de l'homme pieux et vénéré qu'on attendait avec impatience pour fêter l'*Aïd-el-Kebir*. Suit la réception sous une magnifique tente offerte au cheikh par le colonel Lamery, et aussitôt la fête commence. On tue la chamelle en notre honneur, le meilleur bœuf du troupeau pour notre suite ; les femmes poussent des *you-you* stridents en signe d'allégresse ; les enfants battent les tambourins, et les échos de ces manifestations de joie vont se confondre avec ceux des rugissements des fauves qu'on entend dans le lointain.

On nous apporte des dattes, du miel, du thé, du café, en attendant les mets traditionnels qu'on offre aux hôtes de marque. C'est la fête pour tous, et cela nous console du long trajet de quatre-vingt-dix kilomètres fait dans la journée.

14 février. — Séjour à Medgarouah, réception de quelques Maures isolés. Le cheikh Sidi-el-Kheir me fait part de son intention d'envoyer de nouveaux émissaires aux chefs des Medjdhouf et des Allouch. Ce retard me contrarie et je commence à douter de la sincérité et de l'influence de mon intermédiaire. J'adhère néanmoins à son désir et je m'engage à séjourner quatre jours chez lui, bien que manquant de vivres et ayant épuisé en grande partie ma pacotille. Il faut cependant accorder aux personnages ennemis le temps nécessaire de franchir les deux cents kilomètres qui les séparent de Medgarouah.

15 février. — A neuf heures on m'annonce le cheikh Tourad escorté de ses frères et parents. Un taleb à longs cheveux et quatre jeunes gens mandiants se tiennent respectueusement derrière ce nouveau prophète en rébellion. Je vois en lui le chef réel des Taleb-Moktar, à l'allure guerrière et indépendante. Il m'offre son chapelet avec ostentation ; j'en distribue quelques-uns à son entourage. J'ai affaire à des religieux sur lesquels des exemplaires du Coran et des chapelets produisent le plus grand effet.

La lutte sourde entre Tourad et Sidi-el-Kheir se manifeste. On m'interroge sur les paroles de l'un et le langage de l'autre, chacun tient à conserver à mes yeux son prestige de cheikh et ses privilèges de préséance.

Tourad m'invite à aller visiter sa tente, Sidi-el-Kheir s'y oppose au nom des règles sacrées de l'hospitalité.

Il m'est cependant utile de ménager les susceptibilités de ces deux chioukh rivaux, maîtres de l'opinion dans le pays. Je promets à Tourad de me rendre chez lui, mais quelques instants seulement. Ma tente d'ailleurs ne sera pas levée. Je réserve ainsi à Sidi-el-Kheir l'insigne honneur de recevoir les notables Medjdhouf et Allouch et donne satisfaction à Tourad dans la mesure du possible.

Mais voilà que Diala, femme du cheikh Sidi-el-Kheir, intervient à son tour pour me décider à ne point partir. Diala est une ancienne proxénète de Goumbou, originaire des Oulad Delim, intelligente autant que rusée, C'est une femme de cinquante ans environ qui, toute proportion gardée, remplit le même rôle auprès du cheikh Sidi-el-Kheir, à la disposition duquel elle a mis sa fortune et son... cœur, que la fameuse Khadidja remplissait auprès du Prophète des musulmans. Elle est la femme de tête, la dirigeante de ce campement pauvre et respecté.

16 février. — Je me dispose toujours à aller retrouver Tourad qui m'a devancé chez lui lorsque Sidi-el-Kheir m'apprend l'arrivée du cheikh des Allouch, Sidi ould Hanoun, escorté de quarante cavaliers armés de leurs *medfa* (fusils à pierre).

Je suis obligé de me résoudre à attendre le lendemain pour recevoir ce personnage rebelle. Ould-Hanoun est, me dit-on, bien intentionné. Il désire la paix et vient faire appel à mon concours pour la lui faire obtenir. Comme gage de sa sincérité et de sa soumission, il me fait remettre son fusil et le superbe étui qui l'enveloppe.

17 février. — Les Allouch attendent groupés à quelques mètres de ma tente ; je reçois leur cheikh avec les principaux notables de la tribu : M'Hammed ould Frari, chef de la fraction des Oulad-Zaïd, celui des Oulad-Zaïm, etc.

Ould Hanoun est peu sympathique : petit, sans distinction, ravagé par la haine et la misère, sans intelligence, ayant cependant le caractère entier du nomade et la fierté commune à sa race. « J'ai répondu à l'appel du cheikh Sidi-el-Kheir, « me dit-il, pour venir remettre la soumission des Allouch entre tes mains. Je « n'ai pas voulu répondre et je ne répondrai jamais aux convocations des com- « mandants du cercle de Sokolo, de crainte de n'être fait prisonnier comme les « parlementaires que je leur envoie. Ils m'ont d'ailleurs pris mes villages, mes « captifs et sont cause de notre état miséreux. Nous ne pouvons plus vendre la « gomme de nos forêts ni exporter la plume d'autruche. Il nous est impossible « de nous approvisionner de mil chez nos anciens tributaires. La situation « pénible où nous nous trouvons est la seule cause de nos incursions et de nos « pillages. »

J'arrête ce flot d'éloquence inattendu et engage Ould Hanoun à me faire sa soumission par écrit. Je la transmettrai au gouverneur du Soudan.

On m'apprend, en effet, que ces mêmes Allouch avaient coupé, au commence- ment de janvier, le fil télégraphique entre Sokolo et Sumpi et que plusieurs de nos villages avaient été pillés par eux à la même époque. Je ne croyais donc pas devoir m'engager vis-à-vis d'eux. Je reçois cependant leur soumission écrite et, après l'échange de quelques paroles banales, la séance se termine au gré de tous. C'est un succès et pour eux et pour nous. La paix paraît désormais conclue et les voies commerciales seront à l'avenir ouvertes. En un mot, la semence germera, si l'on sait l'arroser et l'entretenir pendant quelques mois.

Le soir, tout le monde s'en félicite au milieu des bêlements des troupeaux et des rugissements du lion, après lequel courent pêle-mêle petits et grands, des torches à la main. C'est un spectacle réjouissant pour nous ; mais quelle émotion pour les pauvres diables auxquels le roi de la forêt vient de ravir un bœuf-por- teur ! Mais, bah ! ils sont habitués à de pareils dangers et demain ils prendront de plus sages précautions ; le campement reprend sa physionomie accoutumée.

J'en profite pour me faire expliquer par Diala l'animosité qui existe entre Sidi- el-Kheir et Tourad. On est encore venu me supplier de ne pas me rendre à l'in- vitation de celui-ci, et cette insistance m'inquiète :

— « Voyons, Diala, tu m'as dit que tu as de l'estime pour les Français et tu sais « combien j'apprécie ton intelligence. Tu es plus diplomate et plus loyal que « tous les Maures du Sahel. Voilà deux pièces d'or (deux louis), tu en orneras le « chapelet que tu portes autour du cou. Veux-tu me faire connaître pourquoi « Tourad a une si grande antipathie pour Sidi-el-Kheir ?

— Pourquoi ? tu veux que je te dise... Tu es notre hôte, je ne puis rien te refu-

4

ser. » Et, après un profond soupir, elle leva les yeux au ciel, invoqua le pardon
d'Allah du secret qu'elle allait me dévoiler et qui semblait opprimer son cœur.

— « Sidi-el-Kheir, s'écria-t-elle, est l'âme la plus noble du Sahel ; il a la *baraka*
« (parcelle divine au sens mystique) de son père Mohamed Fadel (que Dieu soit
« avec lui !) et, par suite, il est en communication avec l'Être divin. Mais il est
« pauvre, et puis... et puis...

— Allons, Diala, dis-moi tout ce que tu sais. Sidi-el-Kheir sera content.

— Et puis, il est le fils d'une captive et (avec un mouvement de mépris)... d'une
« *khadem* (domestique servante) et les membres de la famille de Mohammed
« Fadel ne lui pardonnent pas cette origine plébéienne.

« Cependant, il est le maître, il doit être le maître de tous. Dieu le veut ainsi !
« Sa mère l'a laissé en bas âge ; son père l'a beaucoup aimé, mais l'a également
« abandonné très jeune, n'ayant pour tout soutien que l'étude et la prière. A
« l'âge adulte, il était déjà taleb savant et vénéré. Devenu homme, il a augmenté
« en estime et en considération. Son frère Saad-Bou lui a donné un troupeau de
« bœufs, Ma-el-Aïnin lui a fait toutes sortes de cadeaux et, aujourd'hui, tu le
« vois, les grands du pays s'adressent à lui, le prennent comme intermédiaire ;
« les humbles le vénèrent. C'est l'unique cause de la haine que Tourad, riche et
« puissant, a pour son oncle Sidi-el-Kheir.

— Et à quoi attribues-tu, Diala, ces manifestations de joie réciproques, qu'on
« remarque toutes les fois que ces deux sourds ennemis se rencontrent?

— Ah ! tu ne connais pas les tolba, toi ; si tu savais combien ils sont rusés ! Ils
« s'embrassent, se saluent, font la prière ensemble en présence des étrangers et
« de leurs gens, mais leur rôle est de se trahir mutuellement. Et, tu l'as cons-
« taté, ils s'en acquittent de leur mieux. Chez les guerriers c'est au plus fort,
« chez eux c'est au plus malin. » Ainsi parla Diala et, furtivement, elle regagna
sa tente. Je restai avec la clef de l'énigme. C'est un trait de mœurs plus con-
cluant que toutes les dissertations que je pourrais faire. Je l'ai cité dans toute
sa simplicité. Le suivant n'en est pas moins instructif :

18 *février*. — Je me décide à aller chez Tourad, campé à 24 kilomètres environ
à l'ouest de Medgarouah. Avant mon départ, je reçois à nouveau les Allouch, qui
viennent pour que je leur confirme mes paroles de la veille ; ils n'ont plus
confiance. Je ne puis cependant leur faire d'autres promesses et je les laisse
sans réponse. La journée fut pour moi la plus inquiétante de celles que j'ai
passées au milieu des rebelles. J'étais hanté par le souci de laisser mon campement à la merci des Allouch, peu rassurants, et la préoccupation de ne pas compromettre le prestige de Sidi-el-Kheir en allant chez Tourad.

En route, on m'apprend qu'un émissaire Allouch m'a précédé chez ce dernier.
Ce fait et tant d'autres observations peu précises m'expliquent les démarches du
personnage. Son rôle m'apparaît plus clair que jamais. Il est, à n'en plus douter,
le centre d'action de cette propagande occulte qui s'est manifestée contre nous
avec tant d'intensité. Peut-être en est-il l'agent provocateur. Les renseignements
recueillis à Nioro sur l'agent Kounta d'Abidin se confirment dans mon esprit.

Ce personnage a gagné Tourad et, de concert avec nos ennemis, ce dernier nous trahit. D'un côté, il veut restaurer Moktar Cheikh, ancien chef des Medjdhouf, au détriment du jeune cheikh qui dirige en ce moment l'importante tribu ennemie ; de l'autre, il est tenu au courant des agissements des Kounta et s'y associe de tout cœur. Tout cela me contrarie, mais ce sont autant de raisons qui militent en faveur de la détermination que j'ai prise d'aller lui rendre sa visite. M. Picard m'y accompagne avec quelques Maures.

Le voyage s'effectue au galop en trois heures. Nous rencontrons le puits d'*Aouinat-Seraga* à 15 kilomètres, celui de *Bou-Dhib* à 20 et, 4 kilomètres plus loin, le campement de Tourad. Quelques-uns de ses frères — il en a tant ! — viennent à ma rencontre. Tourad me reçoit lui-même à l'entrée de la tente qu'il me réservait, et, avec une exubérance non dissimulée, il se prodigue pour me présenter un certain nombre de Maures, venus exclusivement chez lui pour me recevoir, me dit-il, et pour me montrer son campement évidemment beaucoup plus important et plus riche que celui du cheikh Sidi-el-Kheir.

— « Je veux faire un grand festin pour que tous les Baïdan campés dans les « environs apprennent que tu es chez moi, que tu es mon ami. Tiens ! regarde. »

Et, en tournant la tête, j'assiste à une scène affreuse : un jeune bœuf, un genou fracassé par un coup de fusil tiré au préalable pour l'arrêter dans sa course, les quatre pattes attachées, est traîné, expirant, par une foule de jeunes gens en délire. Ils gesticulent, poussent des cris de joie, jusqu'au moment où l'imam (Tourad) s'avance un couteau à la main et coupe la gorge de l'animal.

Il exige ensuite un certificat constatant qu'il a toujours été notre ami. Et, comme pour confirmer mes soupçons sur l'action occulte qu'il exerce contre notre influence, il m'apprend que six Maures Kounta sont chez lui depuis la veille. Je mande aussitôt ces visiteurs opportuns, mais ils se tiennent dans la plus grande réserve et évitent de répondre à mes questions. Ils viennent de l'Est... C'est tout ce que je puis obtenir de ces émissaires envoyés sans doute pour surveiller mes actes. Je suis fixé, mais, plus que jamais, je dois agir avec la plus extrême prudence si je ne veux compromettre mes négociations avec les Medjdhouf et les Allouch et nous susciter de très vives difficultés. Je donne un certificat à Tourad, j'en délivre un autre à son frère et à ceux qui me paraissent avoir quelque mérite. Mais que puis-je certifier, sinon des banalités ? C'est ce que je fais pour tous et en particulier pour Tourad.

Je ne saurais trop appeler l'attention des autorités locales de Goumbou, Sokolo et Nioro, voire même de Kayes, sur ce point. Elles auront à en tenir compte dans la mesure du possible, pour l'intérêt de notre expansion pacifique dans ce pays. J'ai tenu à les éclairer afin de leur permettre de nous ménager l'influence des uns et d'agir avec la plus grande circonspection lorsqu'il sera question des autres. J'avais hâte de quitter le campement de Tourad. A six heures, je rejoignais celui de Sidi-el-Kheir, d'où il me fut possible de faire repartir les Allouch confiants et soumis.

19 février. — Journée d'étude et de récréation. A huit heures du soir j'entends un *salemalek* retentissant. Abdelhouab, l'émissaire envoyé chez le cheikh des Medjdhouf, est exact au rendez-vous.

C'est un homme de parole et d'une énergie inconcevable.

— «Mohammed ould Moktar s'est arrêté à quelques kilomètres d'ici, me dit-il. « Il a jugé indécent de se présenter chez toi à une heure aussi avancée. » Réellement, chez les Maures, les règles de préséance et du protocole sont les premiers éléments de l'éducation.

20 *février*. — Ould Moktar se fait attendre. Je commence à douter d'Abdelhouab. Plusieurs notables medjdhouf arrivent successivement.

Soudain, j'entends battre les tambourins.

— « Voilà le sultan du Hodh, me dit cheikh Sidi-el-Kheir. Je lui ai réservé une « tente et je ferai tuer un bœuf en son honneur. » Deux envoyés d'Ould Moktar viennent aussitôt me saluer de la part de leur chef. Il est midi. Je reçois ce dernier à quatre heures avec le cérémonial accoutumé. J'ai en ma présence l'image d'un des héros de la Bible : jeune, la barbe inculte, les cheveux tombant en formant de petites mèches, des yeux inexprimables de douceur, figure on ne peut plus sympathique. Petit, ayant conscience de son rôle, une ambition très grande, se croit le chef des Maures du Hodh et, drapé dans sa dignité sous une gandoura bleue, il parle peu, ne désire que la paix.

— « Je ne resterai pas dans ce pays si les Français me font la guerre. »

Son entourage répète ses paroles à l'unisson et mille promesses d'inaltérable amitié me sont faites. J'ai la certitude qu'elles sont sincères. Mais voilà Tourad qui arrive avec fracas. Il est au comble de la colère, essaye de tout brouiller. A plusieurs reprises je le prie de se tenir éloigné de ma tente, mais, en réalité, lui et sa bande ne sont point commodes. Ils parlent aux uns, s'adressent aux autres, commentent mes paroles et celles du cheikh des Medjdhouf et, en dernier lieu, je me vois dans l'obligation de désapprouver hautement leur langage. C'est une clameur générale contre Tourad, qui change aussitôt de tactique. Il devient obséquieux et ne demande qu'à se faire pardonner.

Je veux photographier le cheikh Ould Moktar ; mais le jeune homme se méfie de tout et s'y refuse doucement. Pauvre jeune homme ! sa crainte est aussi grande que son espoir dans la paix.

— « Tu as peur, lui dis-je. — Peur ! s'écrie-t-il vivement, je ne suis pas un captif, moi ; mais un chef, le plus grand chef des Baïdan. Je ne crains qu'Allah ! »

Le soir, pourtant, je m'aperçois qu'il n'était pas aussi rassuré qu'il le croyait lui-même. Je l'invite à prendre du café ; le voilà escorté de plus de cinquante personnes pour me remercier de l'attention et me dire qu'il ne prenait jamais rien hors de sa tente, et, d'ailleurs, ajoute-t-il, tu es ici au même titre que moi ; accepter quelque chose de toi serait blesser Sidi-el-Kheir, notre hôte. Je ne puis le faire. Et puis... — Et puis, lui répété-je, complétant sa pensée, tu crains un stratagème. Viens, je vais te démontrer le contraire. Il arrive peu rassuré ; la bande des fidèles le suit et je suis obligé d'accepter tout ce monde sous ma tente.

Je place Moktar en face de moi et, pour me conformer aux usages locaux, je goûte le café que je lui destinais. Il en prend une gorgée mais réellement il ne peut se résoudre à tout boire. « J'ai de nombreux ennemis, me dit-il doucement, et peut-« être quelques-uns se cachent-ils sous ta tente. »

Allons, il faut rassurer cette victime des mœurs austères et des haines implacables du milieu où il vit, le rassurer du moins à notre égard, et, durant deux heures, je m'applique à lui faire comprendre le rôle humanitaire que la France exerce dans le monde musulman et celui qu'elle se propose de remplir chez les Baïdan.

Son départ est une vraie séparation. Nous nous quittons en excellents amis et sans cesse il me répète : « Si tu entends dire que je n'ai pas suivi tes conseils, « n'en crois rien. Ce seront des dénonciations calomnieuses de mes ennemis. « Avant de me juger, attends mes explications et tu décideras ensuite sur la sin- « cérité de mes promesses et la conduite de l'agent dévoué et soumis de ton pays « que je suis désormais résolu à devenir. »

Ainsi fut définitivement obtenue la reddition des Medjdhouf. Une grande joie se remarquait sur la physionomie des notables du Hodh venus à Medgarouah pour attendre, anxieux, le résultat de l'entrevue. On célébra la nouvelle avec de grandes manifestations de contentement. Le cheikh Sidi-el-Kheir fait la prière solennelle entouré de tous et, pour une fois, il est l'imam vénéré des musulmans fervents que sont les Maures. Si Mohammed ould Moktar est le grand chef guerrier du Hodh pour un instant, du moins, il en est le chef religieux.

21 *février*. — Le lendemain les chefs des fractions Medjdhouf venaient prendre congé et, fidèles aux engagements pris par leur chef, ils allaient à leurs campements pour y chercher leur part respective de la contribution de guerre demandée. Je crus devoir leur accorder quelques jours de délai, connaissant les difficultés qu'ils auraient eu à réunir les troupeaux exigés et les distances évaluées à plus de cent, cent cinquante, deux cents et trois cents kilomètres qui les séparent de Goumbou où ils devaient se trouver le 5 mars.

Moi-même je jugeai ma mission terminée et, à la hâte, je quittai non sans émotion, le campement hospitalier du cheikh Sidi-el-Kheir pour rejoindre Sokolo et Tombouctou et vous rendre compte au plus tôt, mon Général, de la pacification d'une contrée aussi grande que la France et depuis si longtemps ravagée par d'incessantes hostilités.

Mon retour fut accueilli par de véritables ovations.

Là où je ne supposais ni tentes ni puits, je rencontrais des groupes, des délégations venus sur mon passage pour combler d'attentions ma caravane et se réjouir de la paix inattendue que je leur laissais. Ils sont là, accroupis sur le sol, placés en vedettes pour signaler notre arrivée, ayant avec eux, pour nous offrir, les meilleurs moutons du troupeau, du lait frais et une ou deux tentes pour nous abriter des rayons du soleil. Ils s'empressent pour faire boire nos chevaux, relever nos plantons et, toujours cérémonieux et prévenants, tous nous escortent, nous amusent par des fantasias souvent curieuses, toujours caractéristiques.

Dans les campements, les femmes elles-mêmes donnent le signal et chacun fait de son mieux pour célébrer un avenir de paix et, — tous l'espèrent avec nous, — de bien-être prochain.

Une imprudence commise à la frontière par des tirailleurs en tournée en arrêtant une caravane de Kounta qui se rendait à Nioro avec un laissez-passer inquiète, un moment les esprits, et me place, quelque peu, dans une situation délicate ; mais l'élan est donné : les populations ont confiance et cet acte, sans excuses, ne les détourne pas de leur enthousiasme.

Et notre joie est grande de voir venir à nous les populations nègres des villages frontières (Djira, Guéril, Akor, Sébéré, Boudjiguerré) pour nous exprime leur reconnaissance. Elles, surtout, souffraient de l'état de guerre. Elles voient s'ouvrir une ère de tranquillité et de progrès. Les transactions commerciales s'effectueront en toute sécurité et elles pourront cultiver leurs champs de mil avec la certitude de bénéficier de leur produit.

J'étais encore sous l'impression heureuse du devoir accompli et du bonheur semé sur mon chemin en votre nom, mon Général, lorsque, le 26 février, je vous mandais de Sokolo la nouvelle du succès remporté par ma mission, et les résultats inattendus qui en avaient été la conséquence immédiate. Quelques Maures, et notamment Cheikh Sidi-el-Kheir avaient tenu à m'accompagner jusqu'à l'ancienne capitale bambara, d'où je pars pour Tombouctou le 28, en suivant la route ordinaire et connue de tous.

A Nampala, à Oum Bou-Badi, à Sumpi même, des groupes de Maures m'attendaient, me renouvelaient l'expression de leur attachement et leur serment à la parole donnée. A Tombouctou, mon action chez les Maures avait eu un retentissement des plus favorables, et la restitution promise au chef des Medjdhouf de quelques chameaux razziés dans une reconnaissance aux environs de Ras-el-Ma à de malheureux tolba devait produire le meilleur effet et contribuer à me concilier les nomades du pays.

C'était pour moi une occasion unique de faire comprendre aux peuplades baïdan que, si je m'étais montré intraitable pour l'exécution des engagements de soumission et de payement de la contribution de guerre exigée par nous, qu'elles avaient pris, je n'oubliais pas le concours que je leur avais promis et que le gouvernement du Soudan était, de son côté, tout disposé à entrer dans une voie de tolérance et d'apaisement.

Nous ne devions pas tarder à cueillir le fruit du grain semé. Tous les jours je recevais, en effet, du Sahel, des courriers spéciaux ; des émissaires me tenaient au courant des efforts vraiment dignes d'être appréciés, faits par les Medjdhouf pour se libérer dans les délais fixés. Et, le 15 avril, le commandant du cercle de Goumbou voulait bien m'informer que, pacifiquement, sans heurt et sans pression, les tribus rebelles avaient intégralement versé l'important tribut de guerre qu'on leur demandait en vain depuis plusieurs années.

Ainsi, la paix était cette fois définitivement conclue. Aucune raison n'existait plus pour la troubler, les portes de la vallée du Niger étaient tout grandes ouvertes aux commerçants maures. Les tribus du Hodh venaient spontanément se fixer en estivage sur notre territoire; les transactions commerciales entre les Baïdan et les populations du Sahel prenaient un nouvel essor et le budget local voyait augmenter ses ressources de plusieurs centaines de milliers de francs.

La contribution de guerre payée en toile de Guinée, en troupeaux de moutons et en chameaux pouvait être évaluée à 50.000 francs environ, sans tenir compte des captifs restitués et de l'effet moral produit.

Les droits de douane et de pacage perçus subissent une recrudescence de plus de 150.000 francs dans les seuls mois d'avril, mai et juin, et je ne doute pas que ce chiffre, qui représente un trafic de plusieurs millions, ne soit augmenté dans des proportions beaucoup plus grandes, au fur et à mesure que la confiance renaîtra dans les esprits et que nous aurons répondu aux aspirations de tous, en établissant la sécurité à l'intérieur des tribus.

Ma mission avait coûté : indépendamment des cadeaux distribués en votre nom et de 500 francs de fonds personnels offerts aux malheureux, 100 pièces de guinée et 240 francs pour achats de chameaux, récompenses aux émissaires et aux Maures dévoués qui avaient secondé mes efforts (Cheikh Sidi-el-Kheir, Cheikh Lamine, Abdelhouab, etc.). Je rappelle, pour mémoire, ces dépenses approuvées par votre dépêche du 28 février, n° D 755, pour bien faire ressortir combien il est facile avec de faibles moyens d'obtenir de grands résultats d'ordre politique et d'augmenter les ressources de l'État lorsqu'on peut se ménager le concours des populations qu'on est appelé à réduire, en respectant leurs mœurs et leurs croyances, en ménageant leurs intérêts, et qu'on sait tirer profit des principes d'équité, de sagesse et d'énergie qui doivent guider tous ceux qui ont la mission délicate de nous attirer les sympathies des populations musulmanes et simplistes.

En présence de pareilles démonstrations de soumission et de la fidèle exécution des engagements pris vis-à-vis de moi, par les Maures en général et les chioukh des Medjdhouf et Allouch en particulier, j'avais songé un instant à insister auprès de vous, mon Général, pour que vous répondiez à leurs sentiments et à leurs avances par un acte de haute clémence.

Mais certains esprits, et non des moins expérimentés parmi ceux qui ont vécu au contact des Maures, n'avaient en ces derniers qu'une confiance superficielle et tenaient pour suspectes leurs promesses de dévouement. « Attendez leur « retour dans le Hodh, me disait-on, et vous jugerez de leur sincérité : vous « leur verrez recommencer leurs razzias; les noirs sédentaires des villages fron- « tières deviendront, à nouveau, leurs victimes et nous nous trouverons, malgré « nous, dans l'obligation de leur interdire l'accès de notre territoire. — Nous « recommencerons les hostilités. »

Et puis, là ne se bornait pas ma mission : Je devais envisager la question maure avec un ensemble exact d'unité de vues; je devais étendre notre action aux tribus placées dans la zone d'influence du Sénégal et de l'Adrar de l'Ouest. Je devais, surtout, faire comprendre à tous le haut intérêt que la France avait à ne plus supporter, dans sa sphère d'influence, des populations hostiles, et, à ces mêmes populations, celui qu'elles auraient trouvé à recevoir les bienfaits de notre domination.

Dans ce but, j'ai envoyé des émissaires à Oualata, Tichitt, Ouadan et Chenguitti.

D'autres sont partis avec des messages signés par vous et destinés aux principaux personnages du Tagant, de l'Agan, de l'Adrar et, notamment, aux chioukh Saad-Bou et Ma-el-Aïnin, ces deux frères du cheikh Sidi-el-Kheir qui, du Sénégal à l'Oued Noun, forment et dirigent les esprits.

Nos propositions ont été accueillies avec reconnaissance par la masse et n'ont pas été repoussées par les chefs.

D'Oualata où le cheikh Lamine a agi en véritable apôtre de notre action, j'ai reçu des délégations de notables et des supplications pour nous engager à les protéger et à les soutenir; il en a été de même de Tichitt.

Vous avez reçu, à Kayes, la réponse du cheikh Saad-Bou, vous annonçant, mon Général, que les esprits étaient admirablement préparés à accepter notre domination tolérante et humanitaire, de préférence à celle de tous les chefs maures parfois dure à supporter.

Les émissaires envoyés dans l'Adrar et chez le cheikh Ma-el-Aïnin, ce chapelain, à ses heures, de l'Empereur du Maroc, n'étaient pas encore de retour, au mois de juillet; mais j'ai la certitude qu'à leur tour ils nous apporteront les vœux des populations et que l'œuvre de conquête morale et de domination pacifique dans ces vastes pays est déjà moralement acceptée.

D'autre part, les Maures du Hodh et du Tagant ont quitté notre territoire et sont allés passer la période de l'hivernage dans les contrées arides situées au Nord de leurs terrains de parcours; et, m'écrivaient les autorités locales du Sahel, « ils n'ont soulevé aucune critique. Aucune réclamation n'a été portée à leur « encontre, tous les considèrent comme faisant partie de nos administrés, et eux- « mêmes attendent avec anxiété une sanction à leur soumission ».

Il n'y avait donc plus de doute à avoir : les Maures du Hodh et du Tagant reconnaissaient notre autorité et se conformaient scrupuleusement aux engagements pris; leur soumission était sincère, et, sans crainte de nouvelles complications, nous pouvions commencer à diriger leurs actes et à leur imposer nos règlements.

C'est dans cette pensée que M. le Lieutenant-Gouverneur intérimaire a pris l'arrêté suivant, en attendant que le Gouvernement confirme, par un acte de puissance publique, les résultats acquis et donne satisfaction, en les plaçant sous notre égide, aux populations robustes qui ont compris le puissant intérêt d'ordre politique et économique qu'elles avaient à cesser une lutte inégale, et qui, loyalement, sont venues demander notre appui en se plaçant sous notre autorité :

ARRÊTÉ

Le Lieutenant-Gouverneur du Soudan français,

Considérant que les Sidi-Mahmoud et les Oulad-Embarek ont renouvelé leurs sentiments de soumission;

Que les Oulad-Nacer ne suscitent aucune difficulté sur notre territoire;

Que les Medjdhouf ont accepté les conditions imposées et payé exactement la contribution de guerre demandée;

Que les Oulad-Mahmoud suivent la ligne de conduite qui leur est imposée par les Medjdhouf;

Que les Allouch, enfin, ont fait leur soumission au mois de février et ont donné, depuis, des preuves de leur siucérité ;

Que les nombreuses tribus religieuses demandent avec instance d'être placées sous notre protection ;

Considérant qu'on ne saurait s'immiscer sans de graves inconvénients dans les luttes intestines qui séparent les tribus maures, ni tenir compte des bandes de malfaiteurs qui pourraient exister sur les territoires en dehors de notre action;

Sur la proposition de M. Coppolani, chargé de mission, et l'avis conforme du bureau politique,

Arrête :

Art. 1er. — En attendant qu'il nous soit possible d'assurer la tranquillité dans l'intérieur des tribus, la paix est accordée à tous les Maures placés dans la zone d'influence du Soudan français et à ceux qui viendraient y opérer des transactions commerciales.

Art. 2. — § 1. — Les Maures qui viendront sur notre territoire sont soumis au droit de pacage fixé ainsi qu'il suit : 1/40 sur les moutons, 1/60 sur les bœufs, les ânes, les chevaux, et 1/100 sur les chameaux (1).

§ 2. — Ils sont également astreints au droit de l'*oussourou* (droit de passage), fixé à 1/10 des marchandises importées et aux droits de place établis dans les divers marchés du Soudan français.

Art. 3. — Pendant qu'ils sont sur notre territoire, les Maures sont soumis aux mêmes lois et règlements que les autres indigènes de la colonie.

Art. 4. — Ces dispositions seront notifiées aux chefs des différentes tribus maures par MM. les commandants de régions et de cercles, qui seront chargés de leur exécution.

Kayes, 24 juillet 1899.

Le colonel, lieutenant-gouverneur par intérim,
VIMARD.

L'arrêté de M. le Lieutenant-Gouverneur du Soudan n'a, évidemment, qu'un caractère transitoire.

La question maure a été envisagée au cours de ma mission, et doit être traitée avec un ensemble exact d'unité de vues si on ne veut perdre tout le bénéfice de l'œuvre entreprise.

Dans cet ordre d'idées, le gouvernement seul peut prendre les dispositions nécessaires et prescrire les mesures indispensables.

Nous ne devons, d'ailleurs, pas oublier que les Maures n'ont aucune relation d'origine avec les races du Soudan et du Sénégal; que leurs coutumes, leurs mœurs, leur organisation sociale diffèrent en tous points de celles des populations de l'Afrique occidentale placées sous notre domination. Ce serait une faute

(1) Cette mesure devra être appliquée avec beaucoup de modération et aux seuls animaux venant réellement pâturer pendant deux ou trois mois au moins.

irréparable que de vouloir leur appliquer le même régime administratif et se
bercer d'illusions que de ne point tenir compte de leurs croyances et de leur
religion.

Je ne saurais donc trop insister, mon Général, me faisant ainsi l'interprète
des populations qui sont venues à nous, pour que le pays qui nous occupe soit
constitué en *protectorat* dans le plus bref délai possible.

C'est le seul régime qui peut, pour le moment, consolider nos intérêts politiques et économiques dans ces contrées, affermir la sécurité au Sénégal et au
Soudan, nous permettre de donner au Maroc ses limites naturelles et répondre
aux désirs des Maures qui en font leur domaine.

Tout en nous inspirant de la politique avisée et libérale, basée sur les
traditions de civilisation que la France essaye de faire triompher dans le conti-
nent africain, de la Méditerranée au Soudan et de l'Atlantique au Tchad, nous
ne devons pas perdre de vue la devise qu'il convient d'adopter toutes les fois
qu'il s'agit d'opérer dans les pays musulmans et surtout dans notre hinterland
africain :

« S'avancer régulièrement et de proche en proche; s'affermir avant de s'étendre;
« ne se point charger de trop d'affaires; dissimuler quelque temps et se déclarer à
« propos. »

Le moment est opportun. J'ose espérer, mon Général, que le Gouvernement,
éclairé par vos soins, le saisira avec empressement.

Je ne puis dans ce rapport, sans doute destiné à la publicité, faire ressortir tous
les avantages de politique générale et d'ordre économique que la France aurait,
à prendre sous sa protection officielle cette partie de l'Empire africain. Je le
ferai, si on le juge utile, dans des notes spéciales et confidentielles.

Ils sont d'ailleurs évidents pour tout le monde et je n'insisterai pas.

Qu'il me suffise de rappeler que les carrières de sel d'Idjil et de Taoudenni
alimentent toute la partie occidentale et centrale de l'Afrique, que les gommes
provenant du Hodh et du Tagant ont fait la richesse des commerçants de Saint-
Louis, que l'autruche y féconde et la plume y est abondante.

Les revenus provenant d'un régime douanier établi à la suite d'une organisation appropriée aux mœurs et aux coutumes des populations suffiront amplement à assurer les services du protectorat et à y maintenir la sécurité.

Le budget de l'État n'aura aucune dépense à engager et, tout en augmentant
le domaine national, nous aurons ainsi accompli un grand acte d'humanité.

LÉGENDE
Limite de la Mauritanie occidentale.
Limite de régions.
Lignes commerciales.
Itinéraire.
OCÉAN ATLANTIQUE
ILES MADÈRE
ILES CANARIES
MAROC
MAROC
Tanger
Ora
ALG
O. Sebou
Fez
Meknès
O. Moulouya
Mazagran
Safi
Djennen Bo
Figuig
O. Tensift
Mogador
C. Guur
O. Sous
Tamegrout
Oued Dra
SAHARA MAROCAIN
C. Noun
Tindouf
TOU
C. Juby
Seguiet-el-Hamra
Grandes Dunes
Oued Salem
Oua
C. Bojador
TANEZROUFT
Rio de Oro
MAURITANIE
ADRAR
ADRA
Chebka d'Idjil
DÉSERT DU DJOUF
ORIEN
OCCIDENTAL
Chenguitti
Ouadan
Taoudenni
Mabrouk
Calimbia
OCCIDENTALE
Tichitt
Araouan
Boudjebiha
AGAN
Oualata
AZAOUAD
Nema
Raz el Ma
In-Tichek
TAGANT
HODH
Puits ehadjiou
Bamba
Puits de Sebt
Medgarouah
Timbouctou
Bacikounou
Soumpi
Puits de Guédenni
Kaossa
Néré
ARIBENDA
Go
Podor
Saldé
Kaïdi
Korkodio
Tringoumbou
Guirel (Djra)
Senegal
Mare de Katia
L. Débo
S. LOUIS
Matam
Yélimané
Nioro
Sokolo
Niger
SÉNÉGAL
Chef Mar
Goumbou
Dakar
Soad-bou
Foffara (Hoffara des Cartes)
Kayes
GAMBIE
Sansanding
ANG
Ségou Sikoro
Niger Fl
Bafoulabé
Badoumbé
Bammako
Ouaghadougou
GUINÉE PORTUG
Sikasso

Paris. — Imprimerie F. Levé, rue Cassette, 17.